Cem Anos da Semana de Arte Moderna

Coleção Debates
Dirigida por J. Guinsburg
(*in memoriam*)

Ilustração da capa: Luisa Moritz Kon/Bicho Coletivo

Equipe de Realização – Coordenação textual: Luiz Henrique Soares e Elen Durando; Edição de texto: Adriano C.A. e Sousa; Revisão: Rita Durando; Produção: Ricardo W. Neves e Sergio Kon.

leda tenório da motta

CEM ANOS DA SEMANA DE ARTE MODERNA

O GABINETE PAULISTA E A CONJURAÇÃO DAS VANGUARDAS

PERSPECTIVA

Copyright © Leda Tenório da Motta

CIP-Brasil. Catalogação na Publicação
Sindicato Nacional dos Editores de Livros, RJ

M874c
    Motta, Leda Tenório da
        Cem anos da Semana de Arte Moderna : o gabinete paulista e a conjuração das vanguardas / Leda Tenório da Motta. - 1. ed. - São Paulo : Perspectiva, 2022.
        136 p. ; 21 cm. (Debates ; 348)

        Inclui bibliografia
        ISBN 978-65-5505-092-9

        1. Semana de Arte Moderna (1922 : São Paulo, SP). 2. Modernismo (Literatura) - Brasil. 3. Literatura brasileira - História e crítica - Séc. XX. I. Título. II. Série.

22-75665   CDD: 869.09
                            CDU: 821.134.3(81).09

Meri Gleice Rodrigues de Souza - Bibliotecária - CRB-7/6439
21/01/2022 24/01/2022

1ª edição

Direitos reservados à

EDITORA PERSPECTIVA LTDA.

R. Augusta, 2445, cj. 1
01413-100 São Paulo SP Brasil
Tel.: (11) 3885-8388
www.editoraperspectiva.com.br

2022

SUMÁRIO

Nota Prévia 11
Pisando em Ovos Com Oswald 15

1. O Erro Que Não É Contribuição 29
2. Oswald Feminista Avançado 51
3. Tudo Menos a Poesia da Poesia 69
4. Desarmando a Formação 87
5. Entrevista Improvável 99
6. Em Apêndice: Climas 109

Sobre os Textos 125
Referências 127
Sobre a Autora 133

> *Rubião tinha nos pés um par de chinelas de damasco, bordadas a ouro; na cabeça, um gorro com borla de seda preta. Na boca, um riso azul claro.*
>
> MACHADO DE ASSIS, *Quincas Borba*, CXLV.

NOTA PRÉVIA

Muito do salto modernista de 1922 incide *post factum*, considerando-se que o *Manifesto da Poesia Pau-Brasil* é de 1924, mesmo momento de *Memórias Sentimentais de João Miramar*, ao passo que o *Manifesto Antropófago* é de 1928, mesmo momento de *Macunaíma*, e *Serafim Ponte Grande* é de 1933. De resto, sabe-se que, antes de se constituírem nas marcas da virada estética que cultuamos, as apresentações programadas para os seis dias, que vão de 13 a 18 de fevereiro daquele ano, integram uma espécie de evento cultural, como se diria hoje, com atividades pontuais não apenas organizadas, mas financeiramente apoiadas para marcar o lustro da Independência do Brasil. Teriam sido os organizadores, aliás, a providenciar as vaias para tornar o evento mais gritante, em sua modalidade artística de rememoração de um brado político.

Com o descanso da história, retomam-se neste livro, do ângulo dos futuros sucessos de estima, as duas correntes revoltosas desse movimento do início do século passado que passaríamos a ver como principais, referindo-as aos papéis dos dois Andrades. Trata-se de uma primeira investigação poética que encerra uma outra, teórico-crítica, acerca das preceptivas acadêmicas que, desde então, põem-se a instituir a importância de uma das orientações, mas não da outra, numa bifurcação moral do gesto heroico de partida.

Tendo a Semana se transformado em questão incontornável de nossa tradição estudiosa – até pela força de sua imposição desde São Paulo ao país, como já se pode verificar, desassombradamente, nos dias que correm, mas também porque o nacionalismo crítico que caracteriza o que aqui estamos chamando o "gabinete paulista" entra em choque com o internacionalismo de fevereiro e termina se prestando a arguições vindas das assim chamadas filosofias pós-coloniais –, tais temas acham-se hoje mais que debatidos. Cabe assim reconhecer, de antemão, que a presente retomada das razões críticas que se perfilam diante dos valores de 1922 forçosamente cursa com muitas outras. Mais precisamente, cabe admitir que ela é precedida de trabalho bastante análogo de João Luiz Lafetá, no volume *1930: A Crítica e o Modernismo*, de 1974, em que o autor já se posta diante da fortuna crítica dos experimentos de uma segunda geração modernista, para examinar as recepções que ela recebe de luminares como Agripino Grieco, Alceu Amoroso Lima, Octavio de Faria e o próprio Mário de Andrade crítico, segundo sua maior ou menor preocupação com a participação social do artista. Nesse balanço, vendo as coisas de trás para a frente, ocorre-lhe pensar que vem de Mário de Andrade a visão mais lúcida e honesta da contradição que a literatura avançada enfrenta num país subdesenvolvido, ao pretender mover-se livremente em terreno estético, como pretenderam os melhores atores de 22.

Não se trata só do Mário de Andrade de depois. Honrando o dilema, eis aí visão a guiar nossos mais altos foros críticos em subsequentes confrontações a literaturas avançadas que continuarão lhes parecendo faltas de lucidez e honestidade, no quadro problemático local. Assim, se aqui nos encorajamos a voltar ao velho debate, sob o ensejo do centenário da Semana de Arte Moderna, é para insistir em sua não prescrição. Enquanto certa insistência em Roland Barthes aqui igualmente encontrável pede para ser entendida como disposição de ver nossas questões críticas à contraluz de experiências análogas de além-fronteiras, o que vai, aliás, no sentido do internacionalismo do menos estabelecido dos Andrades. Mas justifica-se também como tomada de partido em favor de uma *nouvelle critique* que desloca a questão da alienação do homem para o terreno da linguagem, entendendo que não são os símbolos que são sociais, porém, mais profundamente, é a sociedade que é simbólica. Era o que preferia pensar o Oswald de Andrade mais antropólogo que sociólogo marxista, que, dos primeiros manifestos a um conjunto igualmente vertiginoso de ensaios tardios, fadados justamente a serem salvos por certos novos críticos, seguia propondo a reversão da História em Sentido. Como lemos em *A Crise da Filosofia Messiânica*: "Há uma cronologia das ideias que se sobrepõe à cronologia das datas."[1]

É a esse tempo lógico, e não cronológico, que se prende toda a beleza do gesto de 22, formulamos nós, com Oswald e continuadores. Já que é isso que explica a reivindicação da solidariedade das formas artísticas, própria da primeira inclinação antropofágica da Semana, e o estilo das melhores *pièces à scandale*. É desembargada do fantasma da origem – arriscamos continuar pensando – que a assim chamada linha-Oswald deixa a literatura brasileira maior do que a encontrou.

---

1 *Obras Completas de Oswald de Andrade, IV: Do Pau-Brasil à Antropofagia e às Utopias*, Rio de Janeiro: Civilização Brasileira, 1970, p. 79.

PISANDO EM OVOS COM OSWALD

Miramar escreve mal, escreve feio, escreve errado: grande escritor.

SÉRGIO BUARQUE DE HOLANDA,
O Espírito e a Letra.

Mais que em ponderações como aquela segundo a qual *Serafim Ponte Grande* tem muito de "grande livro", mas encerra algo de "falho e fácil" – para a réplica sinuosa de quem pense como Haroldo de Campos, concordando com o Sérgio Buarque de Holanda em epígrafe, que estamos diante de um "grande não livro"[1] –, a falta de empatia de Antonio Candido pela prosa inadministrável de Oswald de Andrade parece revelar-se nas entrelinhas das homenagens elusivas que lhe presta. De fato, tendo começado

---

1 Serafim: Um Grande Não-Livro, em O. de Andrade, *Serafim Ponte Grande*, p. 197.

por apontar um "problema literário Oswald", em seu primeiro ataque à língua estranha do homem que "passa rasteira nos contemporâneos e continuará a fazê-lo com os críticos do futuro", como lemos em "Estouro e Libertação", de *Brigada Ligeira*, reunião de sua primeira crítica em rodapés na imprensa paulistana dos anos 1940, ele não evolui no enfrentamento dessa parte do legado da *avant-garde* de 1922, que se sente desafiado a recepcionar, conforme avança no teatro paulista das ideias certa reviravolta na reconsideração de sua importância, sem revelar, de algum modo, o eterno embaraço que lhe causam os excessos oswaldianos.

No mais elogioso dos elogios recolhidos em *Dentro do Texto, Dentro da Vida*, registro de intervenções orais numa jornada de Ciências Sociais da Universidade Estadual Paulista (Unesp) em homenagem a Candido, datada do início dos anos 1990, Davi Arrigucci evoca um método expositivo marcado pelo "traço oral", por uma "imitação da fala", que é a "herança modernista de Candido e que, junto com a experiência da sala de aula, imprime em seu ensaio "um notável senso do relativo", imputável a uma "mobilidade do espírito" que faz passar "com desassombro", por sociologia, história e filosofa, até chegar à "intuição literária"[2]. Grife-se o "senso do relativo". Vem daí que o ensaísta possa passar de apreciações tão desairosas quanto as que emite sobre as "opiniões deformadas pela estilização fácil" e o "gongorismo verbal", o aspecto "verboso e falso" do estilo de Oswald, à comemoração de certas "qualidades definitivas" do autor, como a "eloquência pela elipse" e o inegável "valor de documento" que descobre na trama dos primeiros romances, o prosador lhe interessando mais que o poeta[3]. Dir-se-ia a "critique Ni-Ni", de Roland Barthes, aquela da retórica bem temperada, a insinuar uma liberdade de decisão no momento

---

2 Movimentos de um Leitor, em M.A. D'Incao; E.F. Scarabôtolo (orgs.), *Dentro do Texto, Dentro da Vida*, p. 189.
3 A. Candido, *Brigada Ligeira e Outros Escritos*, p. 18, 31.

mesmo em que liberdade falta, e em que se apela para o mito de um mundo perfeitamente bipartido[4].

E se o cômputo *blasé* dos altos e baixos já parece dotar o subtexto de Candido de um certo mal-estar em relação ao escritor-problema, as coisas pioram quando o crítico decide finalmente passar à afirmação de um *parti pris* favorável. Bem escrevia ele, no capítulo inicial deste arquitexto teórico literário, como aprendemos a considerá-lo, que é a *Formação da Literatura Brasileira*, admitindo o esquematismo da nota, que três são as atitudes estéticas possíveis em literatura. Ou o verbo literário é maior que a natureza a representar, ou menor, ou equivalente a ela. No primeiro caso, temos o barroco, que desborda o quadro, no segundo, o romantismo, que lhe fica sempre devendo, no terceiro, o classicismo, em que há esforço de equilíbrio. Ora, a verbosidade nervosa de Oswald cabe inteiramente na desproporção da primeira situação. Como poderia Candido celebrar o estro falante barroco do escritor se é justamente o caminho do meio, a equivalência ideal da palavra ao objeto, no fundo o comedimento clássico, que seu esquema busca, mesmo quando a alvejar o romantismo, a mola da *Formação*?

Veja-se o exemplo do "Prefácio Inútil" a *Um Homem Sem Profissão*, texto de 1971, inserido no nono dos onze volumes das obras completas do escritor, que começam a ser reorganizadas em 1960, quando se encontram esgotadas e esquecidas, antes de ganhar na década seguinte estudos introdutórios bem menos indecisos, assinados por Mário da Silva Brito, Benedito Nunes e Haroldo de Campos. Aí, sob o amparo de um título que cita e recalibra o estado de ânimo entusiasmado do prefácio "interessantíssimo" de Mário de Andrade à *Pauliceia Desvairada*, Candido propõe ainda que o sujeito "complexo e estranho" que está com a palavra é visivelmente alguém "que fez da vida romance e poesia", e que o livro vale pela capacidade

---

[4] *Oeuvres complètes*, t. 1, p. 784.

do autor de "retratar-se a si mesmo". A parte do homem na obra é o que também reconhece Mário da Silva Brito, em sua reapresentação da novelística de Oswald, no primeiro volume das mesmas obras completas, que aliás capitaneia, mas dando-lhe dimensão surreal e concedendo tal modernidade a esse biografismo que chega a propor que já se entenda *O Cozinheiro das Almas Deste Mundo*, o diário da *garçonnière* de Oswald, voluptuoso e fragmentário, como nada menos que romance[5].

Soa antigo, perto disso, o apontamento da concordância entre o autor e a obra – a visão da literatura como espelho da alma, o *portrait* literário, a ficção e a confissão –, ainda que se possa pensar que, ao dar valor de expressão existencial reflexa a escritos que, ao mesmo tempo, o impressionam pelas falhas técnicas, ele já vai prenunciando a remissão da literatura, grande ou não, à existência histórica dos sujeitos escritores, a que se liga seu entendimento da forma como continuação da socialidade, na melhor vertente marxista. Mesmo porque, nesse ponto de sua trajetória, ele já fez pesquisa de campo sobre a cultura caipira paulista, na esteira da práxis cultural marioandradina, já defendeu tese sobre o assunto, já foi assistente de Fernando Azevedo na Cadeira de Sociologia da antiga Faculdade de Filosofia, Ciências e Letras, já se associou aos esforços dos pesquisadores fixados na pauta formativa, já articulou autor e obra à categoria precipuamente sociológica do público, em *Literatura e Sociedade*, e está presentemente investigando a questão da precipitação da consciência histórica na estrutura interna do romance brasileiro oitocentista, perspectiva que viria a ser saudada como o seu aporte mais precioso, entre todos os comemoráveis.

Desanimado é também o leitor, e desconfortadas são suas palavras, em "Digressão Sentimental Sobre Oswald de Andrade", também dos anos 1970. Aqui, novamente

---

5 O Aluno de Romance Oswald de Andrade, em O. de Andrade, *Os Condenados*, p. 30.

lavando as mãos no título, segue batendo na tecla da relação entre o escritor e o homem e, juntando *Memórias Sentimentais de João Miramar* e *Serafim Ponte Grande*, chega à conclusão de que os *dois* romances obtêm a "síntese entre o sarcasmo e a poesia, a experiência pessoal e o humorismo" característicos de Oswald[6]. A tônica segue recaindo sobre a hipótese de uma inseparabilidade entre o escritor e o enunciador, assim reduzidos à mesma instância. É do final do mesmo decênio a entrevista recolhida em apêndice à obra *O Observador Literário*, outra reunião de seus primeiros textos para jornais, em que, convidado a comparar Mário e Oswald, reserva a Mário a capacidade de construir, de explorar, de pensar a realidade brasileira, e a Oswald, a "personalidade fascinante" e o lado "agradável" da pessoa. Tudo reunido nesta consideração *nem-nem* pacificadora:

Se vocês estão querendo saber qual dos dois acho mais importante, direi o seguinte: depende do momento e do ponto de vista. Para quem estiver preocupado com os precursores de um discurso em rompimento com a mimese tradicional, seria Oswald. Para quem está interessado num discurso vinculado a uma visão do mundo no Brasil, seria Mário.[7]

Tão certo está o mestre da certeza da boa prática crítica que é reapanhar os dados da realidade histórica na sensibilidade e no imaginário da ficção que lemos aí também – e isso não vai sem subestimar todo o conjunto de ensaios filosóficos da derradeira fase de Oswald, que leva às últimas consequências as mais atrevidas postulações pós-messiânicas dos manifestos da fase heroica –, que é "a solidariedade da obra e da vida", a "liga" de ambas as coisas, que explica a antropofagia. Nem sempre – escreve – o sujeito que se desnuda nessas confissões é fiel a si mesmo e acontece, muitas vezes, de ele não se separar de suas

6 A. Candido, Digressão Sentimental Sobre Oswald de Andrade, *Vários Escritos*, p. 49.
7 Idem, *Brigada Ligeira e Outros Escritos*, p. 244.

personagens, operando a "fusão poética do real e do fantástico". Isso ocorre porque o livro "é feito sob o signo da devoração". O autor "engloba e assimila o mundo à sua substância", explica. A interpretação é *sui generis* ao pôr assim a *cozinha de almas* oswaldiana numa arte do *portrait*, novamente, pacificadora na sua modalidade. Tanto mais que o crítico a associa logo em seguida a uma projeção "impressionista": "Neste processo, o impressionismo corresponde à visão criadora do indivíduo que reduz o mundo à sua medida."[8]

Objeto de inúmeras resenhas científicas, toda essa produção está bem rastreada por Maria Augusta Fonseca, em artigo para a revista *Literatura e Sociedade*, publicação do Departamento de Teoria Literária e Literatura Comparada da Faculdade de Filosofia, Letras e Ciências Humanas da Universidade de São Paulo (FFLCH-USP), de que Candido é o gênio tutelar. As palavras da pesquisadora, nesse *paper*, apuram um clima de vigilância crítica em relação a Oswald. Escreve ela que Candido o lê e relê "em seus pontos altos e frágeis, sem concessões". Quer parecer que é sua maneira de dizer que Candido pisa em ovos quando às voltas com Oswald. Também as recensões de Vera Chalmers, em *Dentro do Texto, Dentro da Vida*, encaminham a constatação de uma "perplexidade" de Candido perante os "acertos e desacertos" do amigo Oswald. Se Candido não cessa de anotar suas "contradições", explica ela – aliás, confirmando a inclinação subjetivista desse movimento crítico, cujo centro seria "afetivo" –, é porque vai buscar no traço humano da mobilidade da personalidade o traço literário correspondente da devoração[9].

Nos cem anos da Semana de Arte Moderna, torna-se instigante notar que esse não é o único processo de desmerecimento a que o gabinete paulista vai submeter o

---

8 Idem, Digressão Sentimental Sobre Oswald de Andrade, op. cit., p. 14.
9 O Fio da Meada, em M.A. D'Incao; E.F. Scarabôtolo (orgs.), *Dentro do Texto, Dentro da Vida*, p. 223.

transe poético oswaldiano. Acrescenta-se a essas primeiras reservas o assinalamento de uma contradição insuperável entre valor político e vanguardismo, em cumplicidade com o Mário de Andrade do departamento de cultura e do municipalismo participante e na contramão do Oswald de Andrade, que prefere o "caos voluntário" à "inocência construtiva"[10]. É a contradição que embasa sistematicamente as campanhas, bem menos reticentes, de Roberto Schwarz contra a poesia feita de palavras dos *language poets*, ainda que ele também ponha contrapeso em suas observações sobre o deslize ideológico das perpetrações oswaldianas, estimando a série pau-brasil um dos momentos mais altos da literatura brasileira, malgrado o esteticismo autocomplacente. Veja-se, em meio à insistente denúncia do avesso conservador dos arroubos libertários dos discursos modernizadores por esse leitor admirativo de Adorno, uma sua investida a um poema de Oswald que é um *flash* do trânsito já engarrafado de São Paulo, nos idos da década de 1920.

Encena-se nesses versos um rápido entrevero entre um carroceiro e um motorneiro que pede passagem, obrigando o mais lento a recuar, o que este outro não executa sem se vingar à sua maneira, da humilhação, chicoteando raivosamente o cavalo. Pessimista histórico disposto a pensar que os objetivos vanguardistas libertários acabam sempre dando na tendência oposta, a reacionária, Schwarz acusa o poeta de passar despreocupadamente pelos conflitos escancarados na cena, isto é, pela luta de classes que opõe os dois condutores, e o poema, de enveredar por uma autossatisfação, uma "brevidade feliz", começando e terminando no puro fato, que faz imagem, e esvaziando a gravidade dos antagonismos[11]. Note-se como o "faz imagem" concede à iconoclastia devedora, à época, da visão da mercadoria que é feita para a vista. Essa e outras

10 Manifesto da Poesia Pau-Brasil, em J. Schwartz, *Vanguardas Latino-Americanas*, p. 137.
11 R. Schwarz, *Que Horas São?*, p. 12.

admoestações do gênero são parte de sua eterna desconfiança em relação à inautenticidade da vida cultural que se leva nas margens do capitalismo, o aquém periférico, assim afeto à ideia de centro. O subentendido crítico sendo que, nas culturas em formação como a nossa, quem pensa alegremente ver longe não enxerga.

No momento em que relembramos aqueles "aristocratas do espírito" que, querendo mudar tudo, se entregaram à "orgia intelectual" e deram as costas a atitude "mais temporânea e viril", segundo palavras testamentais do autor de *Macunaíma*, num *mea culpa* conhecido – a que voltaremos, para insistir no "viril" –, tão instigante quanto acompanhar Schwarz em seu desmascaramento da veleidade pau-brasil é vê-lo consagrar os exatos mesmos argumentos a Augusto de Campos. Já que toda a revisão do modernismo brasileiro pela nova crítica da escola de Augusto passa não somente por intimar o antropófago do referido grupo orgiástico a voltar a comparecer, mas por localizar no sequestro de Oswald a ação da cultura do "doutor" e do "bacharel" que o *Manifesto da Poesia Pau--Brasil* tanto rechaça quando diz: "Eruditamos tudo."[12] E ainda, por acusar o escritório uspiano de prestigiar os árcades pastoris e os inconfidentes versejadores, já românticos, por cantar o país. Isso em detrimento não apenas de um outro romantismo brasileiro, fora da curva das liras patrióticas e amorosas, e com o pé no choque baudelairiano, como o de um Sousândrade, mas em prejuízo de uma verve barroca como a de Gregório de Matos, que supostamente escaparia a nossos limiares de escuta coletiva, dada a cláusula do receptor, afirmada desde a *Formação*, em atenção à comunicabilidade do verbo literário e no desprezo da dominante propriamente criadora das obras. Os Campos não estão sozinhos. Num de seus *Capítulos de Literatura Colonial*, Sérgio Buarque de Holanda já vislumbrava a orientação nacionalista da resistência

---

12 Manifesto da Poesia Pau-Brasil, em J. Schwartz, op. cit., p. 136.

aos rebuscadores de linguagens, que depois seria o ponto de inflexão das revisões críticas oswaldiano-concretistas, notando que, no Brasil como em Portugal, "a insurreição contra a linguagem retorcida é uma espécie de imposição patriótica"[13].

Nem o problema é somente brasileiro. Na abertura de *Crítica e Verdade*, obra em que responde aos ataques de um professor da Sorbonne à sua releitura de Racine, considerada vazia e formalista pela desconsideração da vida e obra dos grandes autores, Barthes já reagia à celeuma criada em torno daquilo que o mesmo *Homo academicus* batizou com o nome depreciativo de *nouvelle critique*, o qual acabaria "pegando". Notava então que não há nada de espantoso numa cultura que retoma periodicamente os objetos de seu passado para descrevê-los novamente, como fazem as novas críticas. O que espanta – acrescentava – é que se veja nessas revisões uma "impostura" e, mais surpreendente ainda, que se lance contra elas as invectivas que definem habitualmente, "por repulsão", toda vanguarda[14]. Tais reflexões são continuações de outras presentes em *Mitologias* sobre aquele político populista francês dos anos 1950, especialista em finanças, Pierre Poujade, que tachava os estetas chiques dos cafés da Rive Gauche de "ociosos", assim declinando este tema contabilista caro a todos os regimes fortes, de esquerda ou direita: "a assimilação do trabalho intelectual à "preguiça" e ao "excesso nocivo de linguagem"[15].

Tendo em mente mais essa nota do *novo crítico* acerca da implicância dos velhos críticos com deslocamentos de linguagem e exercícios de estilo – que aqui preferimos ver como próprios da vigilância epistemológica das poéticas modernas –, um dos objetivos do presente trabalho é justamente voltar à retomada do legado da Semana pela "firma de poesia concretista", como um dia a chamou

---

13 *Capítulos de Literatura Colonial*, p. 179.
14 R. Barthes, op. cit., t. 2, p. 759.
15 Ibidem, t. 1, p. 815.

Oswald[16], para a sua redescrição. Nesse passo, quer-se aqui insistir em certas decisões interpretativas, vindas dessa outra oficina de trabalho, e tomadas em pleno vigor do ostracismo deste outro Andrade – posto "em solilóquio com a revolução permanente", na expressão de Augusto de Campos[17] –, que vêm estremecer toda a nossa relação com o modernismo, toda a força de lei que assume a reconstituição dos acontecimentos pela ótica do Mário da fase didática, crítico dos aspectos "lúdicos", na expressão de Antonio Candido, que a Semana tomou[18]. Trata-se de sublinhar que lhe devemos uma reconsideração da carta de princípios do movimento, que tudo punha no anseio de uma relação não colonizada com outras culturas, repelindo a ideia de confronto entre as culturas, diante do projeto de abrasileiramento do Brasil que se segue. É inseparável disso apontar certo abalo do impacto da pedagogia marioandradina sobre nós, desde que esses novos observadores, mais próximos do *hommes de lettres* que do cientista social, cheios de erudição literária universalista, poliglotas e com a mão na massa da criação e da tradução, começaram a ousar pensar não apenas que Oswald escreve bem porque escreve mal, mas a sustentar uma visão descentrada das culturas, periféricas ou não, recuperando aquilo que o *Manifesto Antropófago* chamava "As migrações"[19].

A respeito, repare-se que, na altura dos decênios de 1940 e 1950, respectivamente os últimos de vida de cada um, o Mário que foi um dia frequentador sem pena da "Oropa, França, Baía"[20] está fixado na força coesiva da cultura da nação brasileira. Enquanto isso, Oswald está tratando de aperfeiçoar, em desenvolvimentos teóricos inesperados,

---

16 A. de Campos, Haroldo, Irmão Siamesmo, em L.T. da Motta, *Céu Acima*, p. 30.
17 *Poesia, Antipoesia, Antropofagia & Companhia*, p. 193.
18 *Teresina Etc.*, p. 160.
19 Manifesto Antropófago, em J. Schwartz, op. cit., p. 145.
20 *Macunaíma*, p. 65.

as palavras de ordem mais aguerridas dos manifestos da fase heroica, notadamente aquelas antropofágicas em torno das relações não hierárquicas do mesmo e do outro. São especulações oriundas de uma espécie de febre de leituras e releituras filosóficas, que vão haurir em Montaigne, Marx, Freud, Nietzsche, Keiserling, Bachofen e, mais perto de nós, Claude Lévi-Strauss. Note-se ainda a referência desses últimos escritos a Sérgio Buarque de Holanda, em cujo *Raízes do Brasil* Oswald encontra subsídios para estender a antropofagia até o conceito de homem cordial, definindo-o, para nossa surpresa, como aquele que, diferentemente do sujeito autárquico civilizado, que só pode contar consigo mesmo, liberta-se do pavor da solidão e "vive no outro", ou vive "no rito antropofágico da comunhão". Sendo a cordialidade, aliás, para Oswald, pelo lado da fusão, matriarcal[21].

Integrantes do sexto volume das referidas obras completas, todos esses textos tardios, entre poéticos e doutrinários, vertem-se na língua oswaldiana explosiva de sempre, para encaminhar uma visão não dualista, ou como se diz hoje "não binária", de um novo homem, nesse caso modulado por certa concepção da afronta do selvagem, na dimensão do canibal, ao estatuto paterno. Nada que já não estivesse na antropologia freudiana, até porque para a psicanálise o inconsciente está fora do tempo e dos ordenamentos da cultura; nem na antropologia straussiana, até porque o selvagem estruturalista é um digno produtor de linguagem e pensamento; nem na renaturalização marxista da sociedade de classes pelo comunismo, que nada mais é, no fim das contas, que um porvir utópico. Principalmente, nada que depois de estar no horizonte do humanismo renascentista de um Montaigne já não entrasse no ideário do primitivismo vanguardista, vide o *Manifeste Cannibale Dadá*, de Francis Picabia, de 1920, de que é precursor um ensaio de Alfred Jarry, de 1902, intitulado *Anthropophagie*, para não se falar nos

---

21 *Do Pau-Brasil à Antropofagia e às Utopias*, p. 142.

momentos de comilança antropofágica dos *Almanaques du Père Ubu*[22]. Mas tudo agora filtrado por uma parábola da primitividade feminina e pela utopia não messiânica, toda ela irreligiosa, daí decorrente. Na sua fatura tradutória transcriadora, Augusto de Campos a renomeia "matrianarquismo"[23]. Ao passo que o *Manifesto Antropófago* diz: "A unificação de todas as revoltas eficazes na direção do homem."[24]

Trata-se de uma sequência atordoante de textos tardios que, como se buscará mostrar, ressurgem agora, aos nossos olhos, como pensamento espantosamente em dia com os desarmes metafísicos das filosofias contemporâneas, com sua demanda ética de desconstrução da violência logocêntrica e, já que de matriarcado se trata, logofalocêntrica. Daí o presente livro pretender ser também sobre os combates viris de Mário *versus* o feminismo antropofágico, e já *queer*, de Oswald. Se ele tiver algum interesse, espera-se que resida no apontamento da prevenção da crítica literária brasileira feita em São Paulo, *intra-muros* universitários, por críticos marxistas decorosos, que vão contra o escândalo desse e de outros atrevimentos da ponta de lança da vanguarda que ora festejamos. Junto com isso, espera-se que resida na indicação que aqui também se quer fazer do ponto cego dessa corrente crítica, que estaria em acusar a falta de sentidos estáveis, de valores de informação e de comunicação, numa ação poética cujo pressuposto é declaradamente a contracomunicação. Dito em outras palavras: em ver contrafação naquelas literaturas que contrafazem. Ou ainda, em acusar o poeta concretista de confundir a autoridade do crítico e do *maker*, o que, no caso do movimento concretista, é simplesmente programático. Finalmente, em ver

---

22 A. de Campos, *Poesia, Antipoesia, Antropofagia & Companhia*, p. 150.
23 Oswald de Andrade por Augusto de Campos, *O Estado de S. Paulo*, 4 jul. 2011.
24 O. de Andrade, Manifesto Antropófago, em J. Schwartz, op. cit., p. 143.

desacertar-se com o mundo brasileiro, e em querer fazê-la confessar, portanto, sua impropriedade, uma antipoesia expressamente declarada em rompimento com a tradição da mimese clássica, que é justamente aquela que acerta o passo com mundo.

Nesse sentido, outro objetivo é apontar que os legados bifurcados de 1922 põem em pauta o próprio sentido de vanguarda e vanguardismo. De fato, setenta anos depois que Mário mandou queimar a Semana, passando a conceber dramaticamente toda a sua atividade como política, ao mesmo tempo que o atormentava a questão da autonomia da arte, haveria ainda que ressaltar a briga que se compra, em nome do autor de *A Escrava Que Não É Isaura*, não apenas com Mallarmé, já aí antipatizado, mas com aquilo que esse mesmo Mário do festival em que se apresentaram Villa Lobos e Tarsila do Amaral passa a chamar o "exacerbamento hedonista" de artistas como Joyce, em literatura, Léger em pintura, e Schoenberg, em música[25]. À distância, pode-se ver que apostrofar os excêntricos desenraizados, sua bobagem provinciana, torna-se um dos *topoi* da argumentação gabinetista. Pontuava Schwarz, em *Que Horas São?*, e continua pontuando, que quando encarece o internacionalismo de Oswald, o crítico concretista o faz para firmar a seriedade do poeta por oposição à fama de piadista[26]. A *crítica da crítica* permite-se gentilmente ler a arguição pelo avesso. Seria o contrário: a corrente que intimou e intima Oswald a comparecer o faz para firmar a seriedade do riso por oposição à pretensão sisuda da literatura à transparência sociável de seus signos. O crítico vê o boneco mas não vê o ventríloquo.

E como, no meio do caminho dos cem anos em questão, a crítica paulista hegemônica empenhou-se em desqualificar o tupi metido a tocar o alaúde, enquanto uma outra crítica recuperava a provocação, resta perguntar o

---

25 M. de Andrade, *Música Doce Música*, p. 351.
26 R. Schwarz, *Que Horas São?*, p. 14.

quê exatamente estamos comemorando. A afirmação da identidade ou a hospitalidade? E já que a pauta antropofágica é matriarcalista, que valeria? Um Mário de Andrade homossexual viril, pelo desbravamento do interior e pelo chamado à luta, ou o Oswald de Andrade protofeminista da *garçonnière*?

1. O ERRO QUE NÃO É CONTRIBUIÇÃO

A literatura argentina inaugura-se com uma frase escrita em francês que é uma citação falsa.

RICARDO PIGLIA, *Respiração Artificial.*

Até porque os melhores protagonistas da Semana de Arte Moderna, representantes de uma burguesia paulista culta que viaja, no ápice da economia do café, são tão sensíveis à bela vida estrangeira, sabemos bem dos rasgos artísticos do movimento. O mais geral deles – e isso tem tudo a ver com a sensibilidade à faísca das vanguardas europeias –, é a afirmação futurística das "parole in libertá", apregoadas por Marinetti nas páginas do *Le Figaro*, cerca de dez anos antes da Semana, ainda que a Mário de Andrade, sempre mais comedido, desagrade que Oswald de Andrade o chame "poeta futurista"[1].

1 M. de Andrade, *Pauliceia Desvairada*, p. 61.

A esse estado de espírito prende-se o surto poético, a língua estranha, a poesia-menos, a prosa de invenção, sem mais fronteiras de direito com o verso, que infundem os textos heroicos levados à cena do Teatro Municipal de São Paulo, em fevereiro de 1922. Para celebrar o funeral do parnasianismo, acabar com o lirismo tedioso, o purismo do português lusitano, a eloquência bacharelesca, na "Babel do vocábulo impróprio", como Oswald chama a capital paulista, num ensaio tardio, de 1953, chamado "A Marcha das Utopias"[2], o movimento abraça todas as revoltas formais. Isto é: o erro de gramática, a gíria, o coloquialismo, o barbarismo, a palavra-valise, o humor, a piada. Interessa-lhe tudo menos a razoabilidade, daí, no primeiro Mário, a força dos significantes "desvairada", "desvairismo", "desvairista". Tematicamente, e ainda que não se adore tanto assim o mundo maquinal, razão das reticências marioandradinas em relação ao manifesto italiano, corresponde a tantos e tais desvios de forma um discurso do progresso, fixado na vertigem urbana, nos novos modos de mobilidade e dispositivos de reprodução, do bonde ao cinema, do automóvel ao telefone. Todo esse vezo progressista de par com o traço primitivista das melhores estéticas da ruptura desse começo de século, que vão buscar na África e na Polinésia o "suporte estético-exótico" que um moderno, principalmente brasileiro, não tem por que não encontrar nos trópicos, como sublinha Jorge Schwartz[3]. Donde, funcionando também como argumento central, o apelo ao Brasil profundo.

A redescoberta do país pela Semana é, de início, parte da loucura reivindicada. Daí Macunaíma poder exclamar que "A Europa acabou, bou, bou!" e que "A civilização europeia na certa esculhamba a inteireza de nosso caráter"[4], apenas a título de desaforo. Por ora, trata-se mais

---

2 A Marcha das Utopias, *Do Pau-Brasil à Antropofagia e às Utopias*, p. 164.
3 *Vanguardas Latino-Americanas*, p. 135.
4 M. de Andrade, *Macunaíma*, p. 102.

de duplicidade, da labialidade mesma de um projeto inflamado, internacionalista porque vanguardista, antes que de uma contradição nos termos, de um verde-amarelismo subjacente, como em redutos não andradinos de 22. De fato, nesses primeiros gritos de guerra, a Pátria é um fulcro temático, entre outros, para o antropófago migrante. O Brasil é e não é brasileiro. Assim é que, entre bárbaro e civilizado, o tupi de Mário pode tanger o alaúde. Enquanto, ao fazer como o protomoderno Baudelaire, que chama a melancolia de *spleen*, Oswald de Andrade pode afirmar o ser *tupy* em inglês. Até aqui, o espírito do Ocidente faz morada entre nós. Evando Nascimento evoca a antropofagia para relacionar esse *élan* universalista ainda não entravado pela culpa a uma maneira não colonizada de se pensar a cultura europeia instalada em território brasileiro, através de uma "retórica de choque"[5].

Feitas para *épater le bourgeois*, são todas essas novidades forasteiras que se vaiam. Em sua reportagem histórica sobre a Semana, no arredondamento dos noventa anos, Marcos Augusto Gonçalves apura que as vaias eram encomendadas[6]. Já Sérgio Buarque de Holanda escrevia numa resenha para um jornal carioca sobre os novos de São Paulo, do ano mesmo de 1922, que "a Semana de Arte Moderna foi aplaudida por todos os homens decentes"[7]. Nem uma coisa nem outra invalida, mas ao contrário, reforça o que Nicolau Sevcenko diz de *Parade*, escândalo multiarte de 1917 que é o primeiro do gênero e aquele de que todos os demais serão, de algum modo, devedores: o fracasso desse balé é um sucesso[8]. Ele o é de tal modo que o evento do Municipal se tornará o marco normativo da cultura brasileira que chamamos moderna. Sem demora, a Semana passa a explicar o Brasil, transforma-se

---

5 A Desconstrução no Brasil, em A.C. dos Santos (org.), *Desconstrução e Contextos Nacionais*, p. 148.
6 *1922: A Semana Que Não Terminou*, p. 32.
7 S.B. de Holanda, *O Espírito e a Letra*, v. 1, p. 148.
8 *Orfeu Extático na Metrópole*, p. 186.

num lugar privilegiado de nosso debate intelectual, num centro de atenção da crítica acadêmica e suas redes de influência, introduzindo-se nos manuais e histórias da literatura, na seleção do cânone de autores, nos programas escolares, nas pós-graduações.

Dessa promoção faz parte a magnificação de Mário, alçado a artífice da síntese superior do projeto, e o rebaixamento de Oswald. De fato, a força impressiva da Semana sobre nossa cultura não se separa da força pedagógica que vai assumindo o autor do mais pedagógico dos romances saídos do referido surto, *Macunaíma*. O que é de consequência. Vem daí a inclinação nacionalista, agora já não mais simplesmente desaforada mas programática, dos melhores herdeiros dessa tradição assim referida a uma figura tutelar. Dado que, como se sabe, Mário de Andrade vai passar de derrubador "espoletado" – lembrando a palavra de Paulo Duarte, mecenas, fazendeiro, personagem de *Macunaíma* e memorialista da Semana[9] –, a conservador cultural, vocacionado a promover formas de intervenção política por meio da cultura, fixado em matrizes folclóricas e, no fim do dia, a desvairado arrependido, no trânsito do "Prefácio Interessantíssimo" para o assim chamado "Discurso do Itamaraty". Está-se falando de sua tão famosa quanto dramática batida em retirada de 1942, também conhecida como *mea culpa*, feita no Rio de Janeiro, para jovens do Departamento Cultural da Casa do Estudante do Brasil, com o palestrante já na pele do administrador municipal, e nas condições finais do exílio e da depressão que se conhecem.

Nessa fala, ele não deixa de reconhecer todo o valor da crítica demolidora assacada, vinte anos antes, contra a "inteligência nacional". Até esse ponto, parece-lhe louvável "o sentido especificamente destruidor" da batalha com que, lá atrás, se viu envolvido[10]. Entretanto, essa é só

---

9 *Mário de Andrade Por Ele Mesmo*, p. 21.
10 M. de Andrade, Paulicéia Desvairada, *Poesias Completas*, p. 35.

a cláusula protocolar preparatória de um discurso que vai enveredar por todas as comiserações, em tom pós-utópico desalentado, o mesmo da correspondência final, que assume relevo na produção intelectual de Mário, associando cada vez mais memorialismo e autocrítica. De fato, o que se segue ao prólogo é uma meditação elegíaca: "Junto disso, o movimento modernista foi nitidamente aristocrático" – continua o orador –, "pelo caráter de jogo arriscado, pelo seu espírito aventureiro ao extremo, pelo seu internacionalismo modernista, pelo seu nacionalismo embrabecido, pela sua gratuidade antipopular, pelo seu dogmatismo prepotente". Mas a elegia vira cobrança, conforme evolui o melancólico balanço, e Mário passa a declinar uma nova carta de princípios, que o deixa ver o seu antigo grupo de referência como isolado e descolado da sociedade, plantado na "insuficiência do abstencionismo", falto de "paixão mais temporânea e viril". Falando em "orgia intelectual" e vinculando "arte e política" – como fariam logo mais os críticos uspianos recém-formados de *Clima*, que o têm por paraninfo –, não hesita em confiar a seus jovens ouvintes que aqueles outros moços que um dia tudo quiseram mudar se esqueceram de algo: "uma atitude interessada diante da vida contemporânea". Assim dirige-lhes o famoso arremate *pós-tudo*: "O meu passado não é mais meu companheiro. Eu desconfio do meu passado."[11]

Até porque Mário quer-se temporâneo e Oswald incide sempre a contratempo, entra em confronto com esse exame de consciência um outro, oswaldiano, de 1945, "Informe Sobre o Modernismo", em que o companheiro de luta do Mário desvairista mantém a palavra e assume o desacato: "Nós fizemos paralelamente às gerações mais avançadas da Europa todas as tarefas intelectuais que nos competiam [...] Era preciso chamar Carlos Gomes de burro. Chamamos."[12] Ademais, nessa época, Oswald está abandonando

11 Ibidem, p. 74.
12 O. de Andrade, *Estética e Política*, p. 85.

o Partido Comunista, lendo os filósofos, inclusive Sartre e Beauvoir, e preparando o ensaísta prolífico dos anos 1950, que, em novos textos de combate, vai elaborar uma teoria do matriarcado, feminista *avant la lettre*, que leva às últimas consequências os reptos dos manifestos. Um desses capítulos é "A Crise da Filosofia Messiânica", originalmente uma de suas duas teses de concurso apresentadas à Faculdade de Filosofia, Ciências e Letras da USP, e não recebidas. O outro é "A Arcádia e a Inconfidência", incursão devastadora à moral negociada dos poetas independentistas do Setecentos brasileiro que, erguidos contra todas as tradições, e levando a peito subscrever a naturalidade pastoril do homem brasileiro, nem por isso, no entender de Oswald, vão deixar de seguir a boa cartilha francesa das artes poéticas portuguesas convertidas à reforma clássica de Boileau, nem haverão de hesitar, chegado o momento, em abjurar sua revolta política[13]. Estamos falando de pequenos tratados que antecipam uma discussão brasileira dos anos 1980, movida pelo concretismo, sobre a honra dos gongoristas que, nem por se terem evadido em jogos e brincos de escritura, como são acusados de fazer, se terão posto a serviço de algum mando estético ou político, o que aliás já está dado na gaia ciência descortês que cultivam, no encalço do escarnio dos provençais, como observa e associa. Mas ao bom observador não escapará quanto tais pronunciamentos separam os amigos que derrubaram juntos a medida brasileira nas escadarias do Municipal.

De fato, nenhuma consideração do futuro ingrato, a que a linha da insurreição estava prometida, pode furtar-se à constatação de que é a palavra revisionista de Mário, com seu chamado viril, seu espírito de missão, que retém Candido, quando debruçado sobre as trilhas abertas de 22, a ponto de lhe inspirar esta síntese dialética acomodatícia, do rol das ultimações teóricas de *O Discurso*

---

13 Idem, *Do Pau-Brasil à Antropofagia e às Utopias*, p. 52.

e a Cidade: "Mário recupera a tradição ao recusá-la"[14]. É desde então que a proposição do lugar próprio da literatura, suas condições materiais de partida e existência, seu descompasso histórico relativamente à grande cultura europeia, seu deságue teleológico em sistemas amadurecidos, começa a nos ser servida em bandeja de prata, como teorização sutil. Pois que o lugar para o qual se atenta, como tanto ouvimos dizer, não é bem o empírico, mas a teoria é da reversibilidade do nexo entre a literatura e este seu "elemento envolvente", este seu "elemento interno ativo", a sociedade, como ressalva, entre outros, Schwarz, resumindo Candido[15]. O pulo do gato de Candido estaria em comensurar ambiente social e forma social, dentro de uma nova ideia de forma, que já não se compreenderia de maneira estritamente técnica, mas em associação inextricável com aquilo que a forma configura, ou de que ela é forma. Eis aí a descoberta destes seus ensaios mais tardios, ditos seminais, dos decênios de 1970 e 1990, a que se costuma atribuir um nível superior de acuidade analítica: "Dialética da Malandragem" e "De Cortiço a Cortiço". Neles o autor se dedica a mostrar como, mesmo emulando modelos naturalistas franceses, os romances de Manuel Antonio de Almeida, *Memórias de um Sargento de Milícias*, e de Aluísio Azevedo, *O Cortiço*, logram internalizar, transpor para o estilo, reconstruir mentalmente, pela força dos andamentos temáticos, ou alguma providência *sui generis* no plano dos enredos, a configuração social brasileira, em toda a sua especialidade.

Em seu livro sobre a Escola do Recife, *O Estilo Tropical*, Roberto Ventura ressalta semelhante ponderação da parte de Araripe Júnior em relação à possível originalidade das obras de Aluísio Azevedo. Lemos aí que, atentando para a força da influência do lugar tropical sobre as obras, na esteira da escola, já este outro crítico primava

---

14 *O Discurso e a Cidade*, p. 278.
15 *Sequências Brasileiras*, p. 35.

por notar as características próprias que o romancista sabia imprimir em sua ficção, sob o influxo de determinações do meio local, e malgrado as formas importadas da Europa[16]. Isso não impede que se cultue a perfeita novidade do que se considera ser a intuição de Candido e, ato contínuo, toda a sua potência teórica.

Exemplo: a propósito da "Dialética da Malandragem", Roberto Schwarz fala numa "redução estrutural do mundo externo em forma", tomando o cuidado de observar que a estrutura não corresponde aí aos universais linguísticos do método estruturalista francês, que a USP repele veementemente, como febre sazonal, mas ao plasma das relações entre determinada cultura e os meios materiais de produção aí vigentes. Resumida por ele, a argumentação de Candido é que os heróis de Aluísio e Almeida se movimentam na ficção com a mesma desenvoltura com que o brasileiro se movimenta na vida, num Brasil da desfaçatez, onde se é ao mesmo tempo burguês e primitivo, moderno e atrasado. Donde "malandragem" e "dialética da malandragem"[17]. Igualmente salientando que Candido refina aí sua posição, e passa a cuidar de ver como o social se transforma em elemento pertinente para a análise literária, Davi Arrigucci também resumiu o ponto notando que a grande contribuição dessas peças críticas é mostrar que o realmente social na obra de arte é a forma[18]. Diga-se que toda essa fineza tem seu regime de sentido, isto é, sua relatividade. O *corpus* romanesco selecionado não é qualquer um, mas o realista-naturalista, o da pintura da vida como ela é. Assim, ao voltar-se, por sua vez, a esse mesmo momento *malandro* do Oitocentos brasileiro, a escola dos concretistas preferirá a referência formal da obra, já com o pé no cosmopolitismo e no poema em prosa baudelairiano, de um Pedro Kilkerry, outro ausente do cânone da literatura brasileira assentado na *Formação* e adjacências,

16 *Estilo Tropical*, p. 17.
17 R. Schwarz, *Que Horas São?*, p. 132.
18 Entrevista com Davi Arrigucci Jr., *Tempo Social*, v. 23, n. 2.

a que Augusto de Campos dedicará toda uma reflexão. Pertence a essa contra-argumentação pensar que Candido joga fortemente com o enredo dos romances que analisa e, nesse caso, que o que ele realmente faz é análise do conteúdo. Porém mais que tudo, é próprio desta outra crítica suspeitar que a malandragem é de molde a redireciona ulterior e oportunamente a falta de caráter de Macunaíma até uma leitura comprometida

Sabemos que Schwarz se notabilizará não apenas por pensar o mesmo que Candido das íntimas relações entre estrutura e superestrutura, literatura e sociedade, que dá por estabelecidas no cerne do romance de Machado de Assis, também malandramente voltado à comédia ideológica brasileira, mas por nos apresentar uma nova visão do apogeu da literatura brasileira, com Machado no topo. Entretanto, embora se possa admitir que essas são críticas refinadas da "interpretação", como o são para o Roland Barthes de *Ensaios Críticos* as páginas escritas de um Jean Starobinski, um Pierre Goldman ou um Jean-Paul Sartre[19], e até porque, alegadamente, para Candido e companhia, a forma não se reduz à técnica, ou a linguagem não é apenas forma, disso se exclui qualquer possibilidade de separação entre a vida e a arte e principalmente, qualquer correlação do texto ao texto. Daí o desdém de Schwarz pelos "amigos da intertextualidade e Derrida"[20], nota sarcástica com que incrimina a referência dos críticos semioticistas a estrangeirismos na moda. Ao passo que nisso se funda a proposta de uma conexão íntima entre as estruturas sociais e as literárias, um alinhamento do texto ao contexto externo, em suma, a presença substantiva do extratexto. Não à toa, o volume em que se insere esse Candido considerado mais sofisticado que aquele processual da série formativa autor-obra-público vai chamar-se *O Discurso e a Cidade*. Não é que uma coisa, o discurso, não

---

19 R. Barthes, *Oeuvres complètes t. 2*, p. 496.
20 R. Barthes, *Oeuvres complètes t. 2*, p. 496.

exista sem a outra, a cidade. Aliás, em princípio, Orfeu está extático na cidade. É que a dicotomia é "pensa", isto é, um lado pesa mais do que o outro, como bem notou Alcir Pécora[21]. Donde a briga com os formalistas.

Tampouco é por acaso que da mesma linha crítica venha uma réplica de Gilda de Mello e Souza à *Morfologia do Macunaíma*, de Haroldo de Campos, via um estudo igualmente propenso ao exame da correlação entre arte e circunstância, justamente nomeado *O Tupi e o Alaúde*. Nele, a professora contesta que o romance possa ser lido como uma trama de lendas, ou a bricolagem de uma coleção de fundos narrativos, a forjar uma "arquilegenda" ou "saga panfolclórica", como sustenta Haroldo, à luz das expertises formalistas de Vladimir Propp, mestre de Claude Lévi-Strauss e da virada linguística francesa[22]. Refugiando-se na bagagem musicológica marioandradina, ela puxa o fio do pensamento musical do autor, que vê atravessar toda a sua produção, para surpreender *Macunaíma* como o resultado de uma fixação de Mário na transposição erudita do folclore brasileiro. "É minha convicção que, ao elaborar o seu livro, Mário de Andrade não utilizou processos literários correntes, mas transpôs formas básicas da música ocidental", escreve[23]. Ela o faz atentando para o fato de que Mário está em busca do homem brasileiro na música que o atrai, o que a faz sublinhar que o cancioneiro popular aproveitado na rapsódia mariana encerra traços de nossa gente. Nessa aceção, o *pot pourri* musical macunaímico é um canto de autorreconhecimento. Troca-se assim o veio universal do conto maravilhoso pela fonte autóctone. Junto com isso, confere-se à trajetória do autor e ao próprio autor a última palavra sobre a obra, o que não deixa de emprestar à crítica a função de glosa da palavra do autor, entendido como supremo.

---

21 Momento Crítico, *Sibila*, n. 7, p. 10.
22 H. de Campos, *Morfologia do Macunaíma*, p. 31.
23 G. de Mello e Souza, *O Tupi e o Alaúde*, p. 12.

Fato é que a imposição do nome de Mário de Andrade não vai sem o *sequestro* de Oswald de Andrade. Efetivamente, a julgar pelo entusiasmo mitigado, a mensuração dos prós e contras, a avaliação *à double tranchant*, o morde-assopra de que Oswald vai se fazendo objeto, desde os anos 1940, é o cruzamento entre o legado mariano e a explicação uspiana, com toda a sua potência normativa, que explica o processo de olvido de que ele termina sendo objeto. Nessas circunstâncias, como não retroagir ao *volte face* mariano de 1942 o veredito do Candido de "Estouro e Libertação", que três anos depois, como dizíamos, estaria deplorando "a estilização fácil", o "comodismo estético", a "inconsequência retórica", o "estilo telegráfico" que leva a pensar numa "preguiça de aprofundar os problemas de composição", o "malabarismo verbal e técnico" que termina por ser uma "habilidade perigosa a que o romancista não consegue resistir"?

Voltemos ao ponto. Nos anos 1970, em "Digressão Sentimental Sobre Oswald de Andrade", ainda o vemos perguntar-se: "Como explicar a coexistência permanente, dentro dele, de um bom e um mau escritor?"[24] Vão na mesma direção as reservas expressas em sua apresentação a *Um Homem Sem Profissão: Sob as Ordens de Mamãe*, que se afigura curta e anódina, principalmente em comparação com as oswaldianas de Benedito Nunes e Haroldo de Campos em outros tomos do mesmo estabelecimento. De título sempre embaraçado – "Prefácio Inútil" –, até pelo contrapé que oferece ao prefácio "interessantíssimo" de Mário, este outro encaminha um elogio à capacidade que tem Oswald, esse "ser complexo e estranho", de retratar-se a si mesmo. O autor de *Serafim* e *Miramar* surge, desta feita, descrito como "o escritor que fez da vida romance e poesia, e fez do romance e da poesia um apêndice da vida". Previsível para uma obra confessional, o elogio é percorrido

---

24 A. Candido, Digressão Sentimental Sobre Oswald de Andrade, op. cit., p. 49.

por um reparo velado a um excesso de subjetivismo que é, ao mesmo tempo, a salvação da obra: "Não procure aqui o leitor documento nem sistema, como os procuramos usualmente, mas poesia nascida da devoração do mundo por uma grande personalidade."[25] Mais surpreendente é descobrir, nessa mesma oportunidade, como Candido prefere entender a antropofagia oswaldiana, imputando o que releva de metáforas comestivas agressivas à expressão da subjetividade gentil: "Posto em face do mundo – da natureza, da sociedade, de cada homem –, o autor os engloba e assimila à sua substância, a ponto de parecerem projeção do seu *eu*."[26] Na citada "Digressão Sentimental Sobre Oswald de Andrade" já aventava a mesma hipótese: "A devoração não é apenas um pressuposto simbólico da antropofagia, mas o seu modo pessoal de ser, a sua capacidade surpreendente de absorver o mundo e triturá-lo."[27]

Se o bom escritor é o Oswald confidencial, o Oswald que incomoda é o escritor engenhoso, no mau sentido, o dono do erro que não é contribuição. Essa é a pecha que lhe é geralmente colada. Assim, por exemplo, na *História Concisa da Literatura Brasileira*, Alfredo Bosi menciona e referenda Candido: "Da obra narrativa espantosamente desigual de Oswald de Andrade já se disse que carreava o melhor e o pior do modernismo." Ele não o faz sem citar Candido a respeito do "gongorismo psicológico" de Oswald e reforçar sua própria farpa observando que "Candido é um crítico insuspeito."[28] Por sua vez, num dos capítulos de *Que Horas São*, aquele intitulado "A Carroça, o Bonde e o Poeta Modernista", transcrição de uma exposição feita em Paris sobre a situação da *intelligentsia* na América Latina, Roberto Schwarz também começa por assentir que Oswald soube "remover a bruma obsoleta e antidemocrática" que

---

25 A. Candido, Prefácio Inútil, em O. de Andrade, *Um Homem Sem Profissão*, p. 11, 15.
26 Ibidem, p. 14.
27 Idem, Digressão Sentimental Sobre Oswald de Andrade, op. cit., p. 49.
28 A. Bosi, *História Concisa da Literatura Brasileira*, p. 357.

cercava nosso "esoterismo", que a redução de seu vocabulário "à dimensão chã" defendia "a oportunidade do pensamento sem requinte", e que "a poesia pau-brasil é um dos momentos altos da literatura brasileira". Para em seguida passar à língua solta do sujeito debochado que ele é e se pôr a explicar à sua plateia estrangeira, o mais adjetivamente possível, que "os achados da inocência oswaldiana" pagam o preço "de um quê de irrealidade e infantilismo"[29]. Inútil dizer que conclusivamente os achados importam menos que o irreal.

Vanguardas em Lugar Adverso

O problema é, portanto, a liberdade futurística da palavra. Assim, não é de espantar que se estique a corda até o concretismo. Discorrendo sobre os estabelecimentos da obra de Gregório de Matos, num dos capítulos de *Poesia, Antipoesia, Antropofagia*, coletânea de 1978, hoje existente em edição revista e aumentada, Augusto de Campos registra a organização de uma antologia gregoriana por José Miguel Wisnik, a elogiando pelo critério de seleção, que foge aos usuais expurgos e amenizações da virulência da sátira barroca do poeta, em estabelecimentos tardios como os de um Varnhagem, um João Ribeiro, um Segismundo Spina. Mas no momento mesmo em que reconhece o trabalho do organizador, conhecido por frequentar de Candido a José Celso Martinez e Caetano Veloso, surpreende-se de que ele tenha precisado introduzir no prefácio uma estocada contra as vanguardas, aí acusadas de "autossatisfação acadêmica". Augusto se pergunta pelo motivo dessa inserção inesperada, já no final de um texto de apresentação em que ela desponta como que gratuitamente[30]. O faz sabendo que está diante de uma homologação do *esprit de corps* gabinetista e que, como diz a palavra, os

---

29 R. Schwarz, *Que Horas São?*, p. 11, 27-28.
30 A. de Campos, *Poesia, Antipoesia, Antropofagia & Companhia*, p. 115.

conspiradores respiram junto. Tanto que "autossatisfação" é nomenclatura de Roberto Schwarz, dessas reiteradamente endereçadas à despreocupação das vanguardas com a gravidade de nossas questões. E tanto que o coro de vozes que clamam contra os satisfeitos chamou a atenção do argentino Gonzalo Aguilar, que, observando de fora, vem a campo destacar, mais que as pequenas farpas, a "violência do tom" usado, em articulação solidária[31].

Nessa concertação geral, o mesmo modelo de leitura consagrado pelo crítico das ideias fora do lugar ao poema da série pau-brasil sobre o bonde e a carroça reverte em desfavor de "Pós-Tudo", pequena composição de Augusto de Campos, que termina no mesmo leito de Procusto, em 1985, em matéria publicada nas páginas de um caderno dominical da *Folha de S.Paulo*, depois recolhida em *Marco Zero*. Nesse poema-cartaz, que é também um poema-minuto, no modelo oswaldiano, cruzam-se linhas verticais e horizontais de sentido, que exploram as acepções do verbo "mudar", e que veríamos como uma referência autoirônica do poeta a suas próprias experimentações, se quiséssemos fechar esse sentido: "Quis/ mudar tudo/ mudei tudo/ agorapóstudo/ extudo/ mudo". Aí, ressurge o *bite and blow*: "Esse talvez seja o trabalho mais sugestivo do autor depois do esplêndido dias dias dias", concede Schwarz. Ele leva a simpatia ao ponto de ver na fluidez sintática da pequena peça poemática um relance da sinceridade da geração mimeógrafo, antes de partir para o ataque: "Lido discursivamente, tomando 'ex-tudo' como intercalada, é de grande naturalidade e não se distingue da poesia que nasceu e se quis oposta ao concretismo, a poesia dita marginal [...]. Nesta perspectiva, o 'tudo' se lê despretensiosamente, como se estivesse encaixado numa fala popular." Contudo, essa primeira impressão de naturalidade *à la* carioca não impede a constatação, agora acrimoniosa, de um modismo no desenho entre

---

31 *Poesia Concreta Brasileira*, p. 15.

pop art e *art déco* das letras do poema, nem a verificação do caráter "genérico e filosofante do argumento central", nem o golpe da "sabedoria inespecífica", da ordem da "vizinhança do Conselheiro Acácio", que é aí dispensada. Em última instância, é a pouca consistência da mudança, ainda mais num mundo a ser mudado, que está em questão. Daí estas perguntas típicas da angústia sociológica de enquadramento: "Quem é o sujeito? "Quando é pós--tudo"? E "mudar para quê?", que relegam as vanguardas à falsidade de uma não situação[32]. Já Adorno media a grandeza da arte de vanguarda pela presença nela do essencial do momento histórico e se inquietava com a possibilidade de seu afundamento na intemporalidade[33].

É das fileiras concretistas, que despontam deslocadas no seio daquilo que Oswald chama "o Brasil doutor"[34], que se dispara finalmente melhor opinião sobre a piada oswaldiana, fazendo com que tudo aquilo que a uma das vertentes críticas pareça maneirismo e brincadeira inconsequente, à outra se afigure grave. Está-se falando de uma aferição dos préstimos da comédia oswaldiana que desponta, finalmente, nos aparatos críticos do segundo volume das novas obras completas, que vão repor o autor na praça. "Miramar é um Humorista", sustenta Haroldo de Campos no frontispício de *Memórias Sentimentais de João Miramar,* romance que encabeça esse tomo, por onde começa sua revisão[35]. O que ele tem em mente é precisamente a *paródia*, o *à côté* metalinguístico. O arremedo paródico está no âmago da *blague* de Oswald, para Haroldo. Nessa outra leitura, ela é índice de consciência da linguagem. Estaria em jogo aqui uma outra maneira de pensar a alienação, nos termos da qual a ideologia é

---

32 R. Schwarz, *Que Horas São?*, p. 57-66.
33 T.W. Adorno, Lukács y el Equívoco del Realismo, em R. Piglia (comp.), *Polémica Sobre El Realismo*, p. 41-89.
34 Manifesto da Poesia Pau-Brasil, em J. Schwartz, op. cit., p. 137.
35 Miramar na Mira, em O. de Andrade, *Memórias Sentimentais de João Miramar*, p. 12.

da palavra. Nesse sentido, a parodização oswaldiana teria afinidade com a imitação jocosa de James Joyce, se é que não sofre sua influência, já que *Ulisses* sai em Paris em 1922, como lembra o crítico-poeta. Particularmente, no Brasil de Oswald, é o instrumento de uma crítica à "eloquência balofa", uma arma da "diluição retórica" da verve bacharelesca, uma "satirização dos protótipos", uma "desconstrução do pedantismo letrado"[36].

O próprio Oswald admite esse efeito, no adiantado da hora, numa entrevista dada em 1944, arrolada no tomo seis das obras completas, sob o título *Meu Testamento*, em que declara que "o sarcasmo, a cólera e até o distúrbio são necessidades de ação e dignas operações de limpeza, principalmente nas eras de caos"[37]. É de tais eras e tais operações que fala Augusto de Campos quando localiza nas ações do próprio Oswald o mesmo riso subversivo contra a obra séria que, em artistas como Erik Satie, que Oswald admirava, serve para "metamorfosear o clichê em *nonsense*"[38]. E é tudo isso que Haroldo arrebanha para atalhar acidamente a discussão sobre o que falha nesse livro, com tudo para ser um grande livro, mas que não o é, na opinião dividida e comedida de Candido, concluindo que estamos diante de um "*Bildungsroman* cômico" e, nessa mesma medida, como já se viu, de um "grande não livro". Se é certo que muito do interesse de *Macunaíma* está na capacidade de pôr a descoberto a carpintaria do romance tradicional, e não obstante a esperança depositada por dona Gilda em sua oportuna releitura musical do Brasil, eis aí outro grande não livro[39].

Segue logicamente que a precipitação telegráfica do estilo oswaldiano tem a índole do chiste, a que também a psicanálise freudiana conferiu o poder de derrubar a

---

36 Ibidem, p. 17.
37 *Do Pau-Brasil à Antropofagia e às Utopias*, p. 23.
38 A. de Campos, op. cit., p. 202.
39 H. de Campos, Serafim: Um Grande Não-Livro, em O. de Andrade, *Serafim Ponte Grande*, p. 197.

censura, acusando uma poesia da derrisão nos processos inconscientes. Na teoria freudiana do humor como na *blague* miramariana, a violência sutil do riso está fora do padrão lógico-discursivo. Daí a colagem de fragmentos, a descontinuidade, a montagem, a pictorialidade, tudo que entra na linguagem do inconsciente e na retórica do sonho serem traços dessa "poética da radicalidade", como a resume ainda Haroldo em outro de seus resgates de Oswald, a apresentação das *Poesias Reunidas*, nas obras completas[40]. Some-se a isso um estrangeirismo que não recua – tanto assim que o Oswald tardio vai retrucar ao grupo de Candido em inglês, com o conhecido xingamento "chato *boys*" –, um cosmopolitismo que não cede, um vanguardismo que não reflui, mas, ao contrário, evolui para o ensaísmo filosófico dos anos 1950, em que sobrevive a visada antropofágica, em versão aumentada e melhorada. E ter-se-á a razão pela qual o antropófago ameaça a reeducação marioandradina e as perspectivas metodológicas da máquina acadêmica paulista. Da mesma feita, esbarrar-se-á na razão da repulsão da crítica paulista aos próprios concretistas, depois que o Oswald da era dos manifestos proclamou: "Somos concretistas."[41]

Cem anos decorridos desde as literalmente rumorosas noitadas de fevereiro de 1922, na Praça Ramos de Azevedo, é tempo de distinguir melhor os operadores conceituais e a lógica interpretativa a que, por tanto tempo, ficamos devendo um modelo teórico que, como anotou o desconstrucionista português Abel Barros Baptista, pouco espaço deixou para teorias concorrentes[42]. Nesse modelo, que é o marxista, o espírito só se entende no âmbito da história da sociedade humana, vista do fim. Ao passo que no modelo de Oswald, o espírito radica no perpétuo tramar

---

40 Idem, Uma Poética da Radicalidade, em O. de Andrade, *Poesias Reunidas*, p. 9.
41 O. de Andrade, Manifesto Antropófago, em J. Schwartz, op. cit., p. 146.
42 *O Livro Agreste*, p. 10.

das palavras. Mesmo porque o primeiro perde força explicativa, hoje, diante das histórias das ressurgências, exploradoras dos anais e dos arquivos abertos, lacunares e transversais, que estão retomando o fio do tempo longo, escavando o passado nunca trespassado, com que já lidava o Oswald que no *Manifesto Antropófago* se proclama "contra as histórias do homem que começam no Cabo Finisterra"[43].

Nesse deslinde, merece destaque a aversão a Mallarmé e, desde logo, às vanguardas inócuas, como são sentidas por nossa melhor crítica professoral. A impulsão inicial vem de Mário, que, em plena fase heroica de *A Escrava Que Não é Isaura*, já tem um pé atrás contra o hermetismo do poeta:

Mallarmé tinha o que chamamos sensações por analogia. Nada de novo. Poetas de todas as épocas as tiveram. Mas Mallarmé, percebida a analogia inicial, abandonava a sensação, o lirismo, preocupando-se unicamente com a analogia criada. Contava-a e o que é pior desenvolvia intelectualmente obtendo assim enigmas que são joias de fatura mas desprovidos muitas vezes de lirismo e sentimento.[44]

Em *Morfologia do Macunaíma*, Haroldo de Campos coteja manifestações dessa aversão, indo desta sua enunciação em letras maiúsculas "É PRECISO EVITAR MALLARMÉ", do volume sobre Isaura, às muitas da correspondência, não sem notar que Mário tinha conhecimento comprovado da obra mallarmeana e, em gesto crítico intertextualista, e não sem acrescentar que a transformação final do herói Macunaíma na Ursa Maior entretém relações citacionais, mesmo que não percebidas por seu criador, com a constelação final de *Um Lance de Dados*[45].

Depois das estocadas marioandradinas inaugurais, no país das ideias fora do lugar, vanguardas serão sempre

43 Manifesto Antropófago, em J. Schwartz, op. cit., p. 144.
44 A Escrava Que Não é Isaura, em *Obra Imatura*, v. 1, p. 282.
45 *Morfologia do Macunaíma*, p. 58.

percebidas como etéreas e alienadas, pecado e palavrão. Chefe de fila dos etéreos franceses, escrevia Barthes, nos anos 1960, no auge da controvérsia da Nouvelle Critique, que vanguardas são sempre definidas por repulsão como verbalmente sofisticadas, intelectualmente vazias, moralmente perigosas[46]. O alerta aconselha-nos a flagrar o anátema vivendo entre nós. E ele vive. Assim, por exemplo, se formos aos mais antigos quadros do Instituto de Estudos da Linguagem da Unicamp, fundado nos anos 1970 por Antonio Candido, veremos Alexandre Eulalio manifestar todo o seu desapreço pela coisa vanguardista, em todos os tempos, chamando-nos a atenção para a "sacralização ritualizante de Mallarmé pelos concretos"[47]. E se já em Eulalio a briga com Mallarmé avança para a briga com o concretismo, tomando a forma exclamativa de uma impugnação geral – "Vanguardas! meu caro! Vanguardas!"[48] –, em Schwarz isso passa por debochar do sujeito do poema "Pós-Tudo", chegado ao "ato puro", para ele localizável em toda poesia que não faça resistência social, pela força do "programa de Mallarmé"[49]. Nesse caso, também a encrenca progride até outros redutos vanguardistas. Assim, no capítulo de "Sequências Brasileiras", em que comenta *Verdade Tropical*, de Caetano Veloso, Schwarz alinha tropicalismo e concretismo, sob a alegação de que ambos os movimentos intentam o mesmo salto por cima do atraso nacional[50].

Nessa intriga teórico-crítica que, segundo o equidistante João Alexandre Barbosa, alimenta entre nós uma "tradição do impasse"[51], merece destaque a amarra interpretativa que faz a passagem da questão da nacionalidade para a questão da origem, entendida como pontual, exata

---

46 R. Barthes, op. cit., p. 759.
47 *Escritos*, p. 598.
48 Ibidem.
49 *Que Horas São?*, p. 64.
50 Idem, *Martinha Versus Lucrecia*, p. 102.
51 A Função da Crítica Não é Apaziguar, É Perguntar, *Revista da Biblioteca Mário de Andrade*, n. 66, p. 50.

no tempo, e desta para a questão da origem mal parada, segundo a admoestação de Schwarz: "Brasileiros e latino-americanos, fazemos constantemente a experiência do caráter postiço, *inautêntico*, *imitado*, da vida cultural que levamos."[52] Nos dois casos, os fatos são pensados no sentido da história e a história é pensada em sentido substancialista. Leitor de Derrida, Haroldo de Campos o notou em *O Sequestro do Barroco: O Caso Gregório de Matos*, livro escandaloso por desarranjar a lógica justamente ontológica dos teóricos da formação, valendo-se, para tanto, da exemplaridade do apagamento do nome desse outro artífice da sátira e do engenho, digno de Oswald, que é o poeta citado no título do livro. Aplicada a esse apagamento, a palavra "sequestro" não vai sem problemas, ferindo os ouvidos delicados dos discípulos da escola da literatura e sociedade. Inspirada em Mário de Andrade, que dela se serve com relativa frequência para referir o recalque freudiano – no contexto de um freudismo de sobrevoo, comparativamente ao oswaldiano, diga-se de passagem –, a palavra "sequestro", que é portanto marioandradina, denota justamente a produção do esquecimento do poeta, no âmbito de uma história da literatura brasileira que censura o barroco e começa pelo romantismo, no afã de começar pelo começo substancial.

Ora, o discurso da origem, que vai dar na expulsão dos poetas imitadores da cidade, nada tem de inocente. Basta ver a rede metafórica urdida na famosa preleção de Candido, na abertura da *Formação*: "A nossa literatura é galho secundário da portuguesa, por sua vez arbusto de segunda ordem no jardim das musas."[53] Aos "amigos de Derrida" não escapa que, junto com a sugestão da vegetalidade, o que se intromete nessa frase lapidar, através do Jardim, é a ideia de uma morada do espírito, ou do *lógos*, ou, em outras palavras, a cristalização da presença. Nem

---

52 *Que Horas São?*, p. 29.
53 *Formação da Literatura Brasileira*, p. 9.

lhes passa despercebido, dado que a planta germina em latitudes tropicais, com o disparo romântico, desenlace do processo de aclimatação, que essa imposição ontológica é corroborada por uma outra, evolutiva, a convocar o genealógico e o teleológico, o começo do começo e o fim do fim. Para o autor do *Sequestro*, é nesse "enredo metafísico" que se rasura o nome de Gregório de Matos, como se recalca "o nome do pai"[54].

Na perspectiva desconstrucionista de Haroldo, que a esta se opõe e contrapõe, a reconstituição dos mesmos fatos escapa de toda e qualquer amarra cronológica, para visar uma história das formas, sincronista, à luz da qual Gregório de Matos não precisa ser visto como nenhum estranho na plantação brasileira, embora possa ter escrito o que escrevia em folhas volantes, fora do critério candidiano da recepção e, em estilo sobrecarregado, como um cultista na incultura. É a mesma visada do *Manifesto Antropófago* quando se declara a favor do mundo "não datado" e "não rubricado"[55]. Principalmente, trata-se da posição mais argumentada do ensaio terminal "A Arcádia e a Inconfidência", em que Oswald se ergue contra o arcadismo e o primeiro romantismo empenhados e denuncia o "gabinetismo" de uma mesa censória para efeitos estéticos, que decreta sua arte poética como quem oferece um leito de Procusto à criação[56].

Parece que estamos ainda digerindo o *Sequestro*, a julgar pelo que tem de recente a possibilidade de vermos se erguer no seio do sistema universitário público brasileiro, e ecoar no circuito dos segundos cadernos, cafés filosóficos e demais corredores da cultura, alguma voz destoante em relação ao que talvez convenha chamar, à distância interposta, de ideias acadêmicas feitas. Contudo, desde

---

54 H. de Campos, *O Sequestro do Barroco na Formação da Literatura Brasileira*, p. 19.
55 O. de Andrade, Manifesto Antropófago, em J. Schwartz, op. cit., p. 144.
56 Idem, *Do Pau-Brasil à Antropofagia e às Utopias*, p. 42-43.

algum tempo, tem-nos chegado uma dessas vozes. A de um professor da Universidade Federal do Rio Grande do Sul, Luis Augusto Fischer, que, não sem cuidar de manifestar toda a sua reverência ao legado, vem a público estranhar, de modo geral, a construção da supremacia da cultura acadêmica paulista sobre o resto do país e, mais particularmente, a estipulação, a partir da Semana, de um senso da modernidade que se tornou único; os estabelecimentos canônicos da *Formação*, que, embora visando o topo, terminam antes de Machado de Assis; e o conceito das ideias fora do lugar, cuja visão do Brasil cultural como joguete da Europa só caberia no quadro de uma cultura oitocentista afeta à economia dos latifúndios, da monocultura e da escravidão, sendo então caduco[57]. É bem verdade que ele não toca nos concretistas, que, trabalhando longe das cátedras estatais, o precede na tarefa de repensar o pensado. Estes outros o fazem, aliás, acrescentando corajosamente aos reparos sobre os limites das interpretações de Candido e Schwarz o assinalamento deste outro reducionismo que é conceder à linha marioandradina o poder de esgotar todo o projeto da Semana, depois que a Semana esgotou todo o sentido da modernidade.

---

57 L.A. Fischer, Abaixo o Modernismo Paulista, *Folha de S.Paulo*, 23 ago. 2008; Idem, Schwarz Ensinou a Ler o País de Machado de Assis..., *Folha de S.Paulo*, 11 nov. 2017.

2. OSWALD FEMINISTA AVANÇADO

O amor sem o familialismo.

ROLAND BARTHES,
Roland Barthes Por Roland Barthes.

Considerando-se que a "orgia intelectual" é repelida por Mário de Andrade, em 1942, em nome de "paixão mais viril", e já que nesse mesmo decênio, um Oswald de Andrade sempre em transe criador está incubando os ensaios filosóficos, hoje reunidos no sexto volume das obras completas, dos quais sairá, mais adiante, toda uma nova utopia matriarcal, sem solução de continuidade em relação às primeiras notas telegráficas sobre a antropofagia, torna-se fascinante verificar que, no fim das contas, é o *homme à femmes Oswald* que é o feminista. Ao passo que o combate másculo, o desbravamento do interior do país, a educação pela arte, inclusive popular, acaba ficando com o sujeito *gay* que é Mário, sempre acusado de efeminado, desde a época da *Revista de Antropofagia*, e autodesvelado homossexual em cartas mais que discretas, porém instrutivas, ao amigo Manuel Bandeira[1]. E se é verdade que o *lógos* filosófico é masculino – quer pelo círculo homoerótico proibido para mulheres, que é inventado e praticado na bela Grécia, quer pela maiêutica socrática, que relega a mulher ao partejamento dos corpos sensíveis, esses objetos repudiados da filosofia, e reserva ao homem o parto das ideias –, é igualmente plausível pensar que é Oswald, o falante derrisório, que é desde sempre filosoficamente moderno, porque é o *lógos* que discrimina diferenças, e é o discurso não lógico que as suporta.

Eis assim que, depois da construção do prestígio da linha Mário pelo gabinete paulista, no nosso jardim das musas, é a linha Oswald, a gongórica e a piadista, a da loquacidade nervosa, que mais parece hoje soar atual. Além de repelir as partilhas do centro e da margem, e as lógicas dicotômicas do original e da cópia, a face que a antropofagia volta ao mundo milenial é a contrassexual, pela força explosiva de uma sua certa doutrina do matriarcado, que, com mais ou menos setenta anos de antecipação, já preconizava tudo o que estabelecem agora os pós-estruturalismos, os desconstrucionismos, as filosofias não sistêmicas, os assim chamados pensamentos pós-coloniais, com sua inquietação da linguagem, seu desarme epistemológico, que levam reforços às teorias de gênero questionadoras das identidades sedentárias e desembaraçadas da lei do pai.

Vendo o modernismo paulista à distância de São Paulo, Benedito Nunes notou que, mesmo na fase política do início dos anos 1930, quando ele entra para o Partido Comunista e lança um novo olhar sobre a vanguarda modernista, admitindo ter sido um "palhaço da burguesia", Oswald submete o marxismo a uma "filtragem antropofágica". O crítico a vê insinuar-se na exaltação política do militante de

---

[1] M.A. Moraes (org.), *Correspondência Mario de Andrade & Manuel Bandeira*, p. 21.

esquerda em que ele se transformou – o mesmo em que Candido localiza um comunista deslumbrado e neófito, de ênfase algo ingênua[2] –, vindo notar que, se o escritor está então inclinado a admitir que a experiência vanguardista foi efeito de uma "inquietude mal compreendida", que ignorava o determinante social das próprias questões que levantava, ocorre que toda essa revisão está absorvida em *Serafim Ponte Grande*. O fato é paradoxal e de consequência. Lançar o "epitáfio" da posição do antropófago em *Serafim* é lançá-lo num livro "armado da mesma posição"[3]. Quer dizer com isso que a inflexão antropofágica retorna por intermédio do estilo ou que ela resiste pela escritura. Ademais, há em "palhaço da burguesia" algo de radicalmente diverso de "aristocrata do espírito", a fórmula autocrítica do Mário do discurso do Itamaraty, já que temos aí um quê de invectiva, que aliás guarda algo do velho grito de guerra do próprio Mário no Municipal: "Eu insulto o burguês funesto!"[4] De resto, como acrescenta Benedito Nunes, o entreato comunista será vivido pelo poeta engajado que Oswald ensaia ser, como decepcionante, e o processo vai terminar por levá-lo do socialismo científico que não cumpriu suas promessas, como demonstra o estado do mundo no pós-guerra, a um socialismo anárquico, que ele simplesmente vai incorporar ao seu ciclo das utopias, com tudo que ele tem de feminizante. Augusto de Campos fala num "matrianarquismo" que é uma "parábola para uma civilização ideal"[5].

É nesse movimento que a antropofagia oswaldiana, que já vinha "nos ferir com a lembrança desagradável do canibalismo", como pontua ainda o crítico paraense[6], des-

2 *Brigada Ligeira e Outros Escritos*, p. 23.
3 B. Nunes, Antropofagia ao Alcance de Todos, em O. de Andrade, *Do Pau-Brasil à Antropofagia e às Utopias*, p. 7.
4 O Movimento Modernista, *Aspectos da Literatura Brasileira*, p. 74.
5 Oswald de Andrade por Augusto de Campos, *O Estado de S. Paulo*, 4 jul. 2011.
6 B. Nunes, Antropofagia ao Alcance de Todos, em O. de Andrade, *Do Pau-Brasil à Antropofagia e às Utopias*, p. xix.

liza da já suficientemente chocante conciliação de culturas europeias e não europeias, que punha o ato de comer o que é do outro a serviço de uma democracia estética, para a proposta ainda mais agressiva de se comer o próprio outro. Aqui, o que era estético passou a político. Nessa outra dimensão politicamente revoltosa, não são mais as gramáticas, são os corpos que se entrosam, num banquete de carne humana concebido à luz de práticas remotas vivenciadas por certas tribos que, segundo algumas antropologias, viam na manducação do inimigo a chance de um renascimento. A antropofagia não quer situar-se apenas no plano estético, concorda Augusto de Campos: "A descida antropofágica não é uma revolução literária. Nem social. Nem religiosa. Ela é tudo isso ao mesmo tempo."[7] A inflexão nova aqui é: se o Oswald da *Revista de Antropofagia*, em que o *Manifesto Antropófago* se inseria, em 1928, já preferia o selvagem canibalesco ao índio de ópera da literatura romântica, cheio de bons sentimentos portugueses, o Oswald tardio passa a teorizar longa e conscienciosamente esse comedor de carne humana, que devora o oponente, mas não o quer render a si, ao contrário, já que o interioriza, rendendo-se igualmente a ele. Ocorre que os anos 1950 oswaldianos redirecionam e consolidam as proposições iniciais sobre a "necessidade da vacina antropofágica"[8].

Tudo isso entra nas especulações filosófico-antropológicas da bateria de escritos pós-modernistas, já produzidos no ostracismo, entre 1950 e 1954, que viria a compor o tomo sexto das obras reeditadas. Elas continuam e alentam tudo aquilo que, no contexto da *Revista de Antropofagia*, de curtíssima duração, era apenas esboço. São eles: "Meu Testamento", "A Arcádia e a Inconfidência", "A Crise da Filosofia Messiânica", "Um Aspecto Antropofágico da Cultura Brasileira: O Homem Cordial", "A Marcha das

7 *Poesia, Antipoesia, Antropofagia & Companhia*, p. 149.
8 O. de Andrade, Manifesto Antropófago, em J. Schwartz, op. cit., p. 143.

Utopias". Nessas incursões, ele vai muitas vezes a Freud, já citado na segunda e última rápida menção do *Manifesto Antropófago* ao matriarcado de Pindorama: "Contra a realidade social, vestida e opressora, cadastrada por Freud, a realidade sem complexos, sem loucura, sem prostituições e sem penitenciárias do matriarcado de Pindorama."[9] Até certo ponto, interessa-lhe a versão freudiana da história das hordas primevas em que o macho em posição de mando é assassinado e devorado pelos filhos revoltados contra a proibição da promiscuidade sexual e a interdição das mulheres do clã, tema antropológico de base da psicanálise, abordado em *Totem e Tabu*. Nessa obra de 1913, que se ampara, entre outras referências, em ritos tribalísticos de aborígenes australianos que incluem a pena de morte para o incesto, Freud tira consequências psíquicas de tal desafio à autoridade paterna e do que se segue a ele, isto é, a organização do casamento exogâmico, a sacralização do morto e a passagem a uma religião do totem, vendo nos objetos totêmicos a reinscrição do pai. O Freud que interessa a Oswald explica assim o repasto canibalesco:

O ancestral violento era certamente o modelo invejado e temido de cada um dos membros dessa associação fraterna. Pelo ato de absorção, a mesma realizava sua identidade com ele, cada qual se apropriando de uma parte de sua força.[10]

Para o reformador entre estético e político em que Oswald se transformou, o que conta aí, juntamente com a introdução da religiosidade, é que Deus é homem, o messianismo é viril e a transcendência, falocêntrica.

Em psicanálise freudiana, o totem reveste-se da função do recalque, conceito muito evocado por Mário de Andrade no campo da psicologia amorosa, com o nome de "sequestro". A nomenclatura recobre ao mesmo tempo os sentidos de lembrança e esquecimento do crime original

9 Ibidem, p. 147.
10 S. Freud, *Totem et Tabou*, p. 163.

e, por extensão, todo esquecimento neurótico. Imbuído de tal função paradoxal, o objeto totêmico é o elemento estruturador da personalidade e do desejo humanos, enquanto instâncias eternamente conflituosas. No trânsito dessa pré-história mítica para o teatro trágico ocidental, o conflito assumirá, freudianamente, a configuração que tem em *Édipo Rei* e, numa perspectiva mais moderna, em *Hamlet*. Sênior do movimento estruturalista francês e também um pensador da mitologia selvagem, Claude Lévi-Strauss redimensionaria a antropologia de base de Freud, em *As Estruturas Elementares do Parentesco*, vendo na regra geral da proibição do incesto, psicanaliticamente ligada à repressão, apenas a cifra discriminadora da civilização, a simbolização da passagem da natureza à cultura, via proibição do incesto. Vem daí, aliás, que, em psicanálise lacaniana, o assalto ao pai se tinja de valor linguístico, Lacan repropondo que a paternidade seja entendida como o exercício de uma nomeação, assim como a loucura será o desconhecimento dela[11].

Ora, a antropofagia oswaldiana reterá tudo desse inconsciente mitológico, menos a falta, já que a alegria é a prova dos nove. Daí Oswald já ser, em seu tempo e nas condições da cultura brasileira de seu tempo, um freudiano desviante, que ousa impor novas decisões interpretativas à doutrina do inconsciente, como recusar "os maus remédios negativos do eu, recalque, regressão, anulação e isolamento"[12]. Daí já estar sintonizado com o feminismo de Simone de Beauvoir, que acaba então de fincar as bases do antifreudismo das primeiras ondas feministas, vejam-se, na abertura de *O Segundo Sexo*, que Oswald chama "o pórtico da nova era matriarcal"[13], o elenco de mazelas, começando pela inveja do pênis, que, segundo ela, a misoginia freudiana acrescentou às definições filosóficas

---

11 E. Roudinesco; M. Plon, *Dicionário de Psicanálise*, p. 542.
12 *Do Pau-Brasil à Antropofagia e às Utopias*, p. 124.
13 Ibidem, p. 125.

negativas da mulher[14]. Daí já tomar distância de Lévi-Strauss, sublinhando, em "A Crise da Filosofia Messiânica", que seu livro esgota o assunto do parentesco, mas atinge apenas as fronteiras do patriarcado[15]. De vez que, na acepção oswaldiana, não há conflito entre natureza e cultura. Toda a conceituação é invertida. O valor oposto torna-se valor favorável: "A operação metafísica que se liga ao rito antropofágico é a da transformação do tabu em totem", formula ele em "A Crise da Filosofia Messiânica"[16]. A inversão sublinha o esvaziamento da violência fundadora do direito paterno. Vimos Haroldo de Campos dar à *blague* permanente de Oswald – que era para Candido uma solução de facilidade –, o desígnio crítico do arremedo paródico. Ora, Benedito Nunes afirma que a redenção pelo crime prevista na totemização do tabu é a inversão do temor religioso do grande pai[17].

Em todos os esboços antropológicos pertencentes ao *corpus* textual tardio oswaldiano, é essa suspensão do direito paterno, de que a propriedade comum do solo e o Estado sem classes são o corolário, que preside à troca da cultura messiânica do pai pelo fundamento cultural da Mãe. De acordo com seus diferentes bons apresentadores, em todos eles, são as investigações sobre os vestígios de uma primitividade matrilinear, realizadas, no final do século XIX, por um pesquisador excêntrico, interessado em inscrições tumulares, Johann Jakob Bachofen, que mais firmemente guiam Oswald na ousadia dessa abordagem. É através da consignação dessas pesquisas destoantes por outros tantos excêntricos, como Marx, Nietzsche e Walter Benjamin, que lhe chegam as hipóteses desse antropólogo e jurista suíço que joga com uma memória espectral do passado da humanidade, sem provas diretas

---

14 S. de Beauvoir, *Le Deuxième sexe*, v. 1, p. 15, 82.
15 O. de Andrade, *Do Pau-Brasil à Antropofagia e às Utopias*, p. 89.
16 Ibidem, p. 78.
17 Antropofagia ao Alcance de Todos, em O. de Andrade, *Do Pau-Brasil à Antropofagia e às Utopias*, p. 15.

de materialidade, em que a natureza humana ainda não havia sido recoberta pela beleza ilusória da religião, nem o instinto pela racionalidade. Como atesta, entre outras menções do volume seis das obras completas, esta sequência da abertura de "A Crise da Filosofia Messiânica":

> Devem-se a Bachofen, vulgarizado por Nietzsche, as primeiras pesquisas sobre o matriarcado. Como já afirmamos, a cultura se dividia em dois hemisférios, matriarcado e patriarcado. Deriva o filho de direito materno do fato de que o primitivo não ligava o amor ao ato da geração. O amor é por excelência um ato individual, e seu fruto pertence à tribo. Será preciso criar uma Errática, uma ciência do vestígio errático, para se reconstruir essa vaga Idade de Ouro onde fulge o tema do matriarcado.[18]

Se a alegoria da devoração tanto interessa a Oswald é porque nessa outra organização fora da ordem do *pater familias*, trazida à luz por um antimoderno futurístico, vinga um canibalismo no seio do qual o ato de comer o semelhante escapa da piedade e da religião que servem de álibi à conquista dita civilizatória do Outro, para ser uma espécie de culto amoroso da morte, jubiloso em sua ordem bárbara. Ele leu nos *Ensaios* de Montaigne que, no mundo civilizado, em que impera a força do terror, há mais barbárie nos conquistadores regidos pelas regras da razão, que dilaceram corpos vivos com tormentos e suplícios para se apoderar de suas terras, que naqueles silvícolas que, estando satisfeitos com o que naturalmente possuem, comem ritualmente os mortos, em guerras mais nobres, tanto quanto guerras possam sê-lo, sem outro fundamento que não a busca da virtude[19]. Toda a sua visão dos papéis no interior do clã ideal passa por essa ausência de desejo expansionista, a que se devem as divisões e hierarquizações sociais, já que não se estabelecem limites ali onde não há desigualdade, isto é, não existe

---

18 *Do Pau-Brasil à Antropofagia e às Utopias*, p. 88.
19 *Os Ensaios*, p. 151.

aí a relação de sujeição. A notar que caem aí também, em meio à desordenação geral, as cifras do masculino e do feminino, igualmente estruturadoras do pensamento ocidental, inclusive de seus dispositivos de poder. Já que o regime maternal, o de corpos nascendo de corpos e se alimentando de corpos, é fusional, desterritorial. No clã primitivo ameríndio, filhos, pais e irmãos o são entre si e entre todos.

Até porque Oswald multiplica seus casamentos – Kamiá, Deise, Tarsila, Pagu, Julieta, Maria Antonieta –, vivendo uma *familialidade* fora das limitações burguesas desde os tempos da *garçonnière* –, há aqui, efetivamente, um antifreudismo a referir. Não só porque, do ângulo da antropofagia, é o inimigo sacro que é constituído em totem profano, mas porque o Eros freudiano é incorpóreo. Tudo o que o freudismo tira de mais certo do complexo paterno, como consequência para o amor, é que ali onde há sexo não pode haver o amor terno, enquanto ali onde há o amor terno não pode haver erotismo. Isso se deve à inibição da potência viril, ao impedimento interior, ao trauma repressivo no centro do inconsciente do casal e do casamento, que o ato totêmico ao mesmo tempo recalca e funda. É o tema que abordam os ensaios freudianos em torno de certas escolhas de objeto feitas pelo homem: certa propensão a depreciar a vida amorosa, ao aceno do sangue e da morte atrelados ao tabu da virgindade, que, no decênio de 1910, se reúnem sob o instigante título *Contribuição à Psicologia do Amor*. Essa é também a razão pela qual há todo um seminário de Lacan, o *Seminário 8*, subintitulado *A Transferência*, que é inteiramente dedicado ao diálogo *O Banquete*, de Platão. Nessa temporada de aulas dos anos 1960, no anfiteatro lotado de linguistas e filósofos da École Normale Supérieure, em que acontecem suas famosas preleções orais, Lacan volta à pergunta central do texto platônico sobre se o amor seria um deus, e que deus seria esse, para fixar-se na fala final de Sócrates sobre a intrínseca relação do amor com a falta, que justamente o destitui de toda divindade, como quer o platonismo, e no caráter enganoso do amor, na sua eterna errância entre objetos. Donde a conveniência de buscá-lo no belo em si, antes que nos belos corpos, pela mediação de um *lógos* ascensional.

Mesmo que não tenha vivido para saber das aulas de Lacan sobre esse Eros incorpóreo que se evapora na beleza, a Oswald não escapa que o divino se reacomoda nessa lição "interessada em temas idealistas", através da "beleza absoluta"[20].

Amores Loucos

O pulo do gato de Lacan é reparar que Platão instala Sócrates no exato mesmo lugar do analista, ao segui-lo na argumentação de que o amor é penúria, de que ele volta sempre como Orfeu, de mãos abanando. "O amor é dar o que não se tem a quem não o pediu", conforme o axioma que circula como um refrão no texto, desde a abertura, intitulada "No começo era o amor."[21] É o que lhe enseja não apenas conceder à transferência o mesmo estofo do amor, como em psicanálise freudiana, mas dar novo impulso à ideia de que o amor carece de substância real, é puro deslizamento, de ideal em ideal. Nos termos do formalismo lacaniano, esse deslizamento passa a ser entendido como sendo de significante a significante, visto que ali onde falta o corpo sobra a palavra. Na revisita minuciosa ao contexto e ao texto platônicos que temos aí, é também o que encaminha esse seminário para a conclusão de que os amantes erram redondamente de alvo e, um passo adiante, para o desenlace irônico da conversa, com a tirada de Sócrates sobre as declarações de amor que lhe faz Alcibíades, publicamente, no congresso festivo a que se refere o título

20 *Do Pau-Brasil à Antropofagia e às Utopias*, p. 93.
21 *O Seminário, Livro 8*, p. 46.

do diálogo. Já que Sócrates acusa o golpe da loucura amorosa, por assim dizer, na própria pele, ao admoestar seu jovem assediador, quanto ao elogio do amor que acaba de proferir, nos seguintes termos: "Tudo o que você acaba de dizer de tão extraordinário, de tão enorme em sua impudência, tudo o que acaba de revelar, falando de mim, foi para Agatão que o disse."[22]

O mesmo Lacan já evocava o *amour fou* dos surrealistas, estes outros mulherengos famosos, num seminário anterior, o *Seminário 7*, subintitulado *A Ética da Psicanálise*, em que a questão do desejo o conduzia à conduta do rodeio, a dança em torno da mulher amada que caracteriza os cantos do amor cortês, fonte da lírica amorosa ocidental e objeto de particular interesse de Oswald e desses oswaldianos que são os concretistas. Equiparando essa poesia antiga aos brincos gongoristas, até pela veia satírica das canções de escárnio, que subsistem, por exemplo, em Gregório de Matos, Oswald chama a esses jogos "evasão", "migração interior", diante da realidade que escapa[23], enquanto Augusto de Campos lhes aprecia e traduz a complexa elaboração formal[24]. O interesse de se trazer Lacan à baila está em que, ao enfrentar a cortesia, no decorrer dessas outras aulas em que passa do *Banquete* aos provençais, Lacan divisa na eterna perseguição dos trovadores à dama inacessível, ou a seu "fantasma de mulher", o reconhecimento da inacessibilidade do outro amado, a administração da impossibilidade do objeto. No limite, a elevação de uma barreira contra o corpo feminino, dentro do ideal erótico do impalpável. Daí entender o "acaso objetivo", o acontecimento mágico que André Breton pressupunha inerente ao amor, tendo em vista o encontro necessário dos amantes como mais uma "curiosa configuração significante", mais uma "fantasia da reunião mística". Estamos na "escolástica do amor infeliz", sistema no

22 Ibidem, p. 165.
23 *Do Pau-Brasil à Antropofagia e às Utopias*, p. 42.
24 *Verso, Reverso, Controverso*, p. 11.

interior do qual o poeta vassalo da mulher inalcançável exerce a "curiosíssima função de demandar ser privado de real", como escreve[25].

Como no sistema platônico, a organização dessa privação destina a mulher à não presença. Entende-se assim que Oswald caminhe apenas até certo ponto com o freudismo, já que a antropofagia é não apenas união jubilosa dos corpos, mas corporalmente feminina. É o que ainda permite alinhar o último Oswald a recentes reformulações da psicanálise, que a estão atalhando, agora mesmo, com as mesmas suposições matriarcais. E o que também enseja a perspectiva antropófaga como *queer*.

Principalmente, está-se falando dos desdobramentos da psicanálise lacaniano-freudiana, que vêm sendo elaborados no âmbito do trabalho de Julia Kristeva, pertencente às fileiras da nova crítica francesa, reputada por abordagens intertextuais das práticas simbólicas das literaturas modernas que chamaram a atenção de Roland Barthes e se disseminaram por universidades americanas, que é hoje a legatária da herança de Beauvoir no mundo e uma interlocutora de Judith Butler. Descrever essa viravolta da ciência do inconsciente que aqui estamos alinhando com a antropofagia oswaldiana pede que se diga, para começar, que ela põe em jogo uma particularíssima visão desse mesmo amor transferencial que Lacan enxerga com pinças socráticas, reiterando o falocentrismo platônico. Demanda também dizer que isso nos dá um outro Eros, menos sublime e mais corpóreo. Tudo se passando como se a psicanálise tivesse tido que esperar pela pesquisa de uma pensadora mulher, que é ao mesmo tempo uma teórica de literatura, em chave formalista, e uma feminista beauvoiriana, para chegar a uma versão afirmativa do feminino e do amor, no campo epistemológico que institui a renúncia à pulsão libidinal. Tudo isso – repita-se – para nos remeter ao matrianarquismo oswaldiano.

25 *O Seminário, Livro 7*, p. 190, 186.

De fato, no que tange à transferência, o que Kristeva retira, para nossa surpresa, do apaixonamento que eclode no *setting* psicanalítico, de modo exemplarmente deslocado, como recaída do sujeito no erro de objeto, é a perfeita fusionalidade desse amor dito de substituição. Desde o início dos anos 1980, quando se torna psicanalista e passa a levar seus casos clínicos para a sua produção teórica, ela está em boa posição para medir o *páthos* implicado na perturbadora troca entre analista e analisando que tem lugar no dispositivo do divã, em que um é convidado a dizer-se incondicionalmente, e o outro, a ouvir sem limites. Antes disso, o que também a posiciona particularmente bem para aquilatar o tipo de interlocução aí em andamento é toda a sua teorização em torno das poéticas modernas, produzida entre os anos 1960 e 1970, no seio do grupo *Tel Quel*, abrilhantado por Barthes e chefiado por Philippe Sollers. Nesse sentido, a trajetória que vai dar na semiótica psicanalítica kristeviana começa com *A Revolução da Linguagem Poética*, imponente estudo sobre as vanguardas francesas do final do século XIX, com foco em Lautréamont e Mallarmé, que ela lança em 1974. Data de então a introdução de nomenclaturas como "significância", "semiótica" e "khôra" (ou chôra, segundo outra transcrição admitida nos círculos kristevianos), que ela entrelaça e passa a opor à economia simbólica da linguagem verbal, vislumbrando uma linguagem inarticulada, ou uma pré-linguagem, suscetível de ilustrar o ritmo pulsional do discurso que viria futuramente a entrever na salinha fechada da análise. Esses primeiros trabalhos são o ponto de partida de toda uma outra produção teórica em torno do amor, a que a poesia e a posição feminina não serão estranhas.

É no correr dos anos 1980, no díptico que reúne *Histórias de Amor*, de 1983, e *No Princípio Era o Amor*, de 1985, o segundo um pequeno tratado de título visivelmente inspirado no *incipit* de *O Seminário 7*, de Lacan, que ela inicia uma investida à psicologia amorosa que a levará à dinâmica psíquica desses diálogos apaixonados entre quatro paredes, de que vai retirar a ideia de um Eros feminino. Mais delongadamente, é em *Histórias de Amor*, pequeno tratado subintitulado "Psicanálise e Fé", que, em vista da situação do analisando que expressa seu desejo amoroso impertinente e da interpretação do analista que lá está para acolher a expressão desse mesmo desejo, que ela faz constar, pela primeira vez, que o elo transferencial psicanalítico é "a contribuição específica da civilização moderna à história dos discursos amorosos". E ainda que: "é na medida em que se trata de uma palavra transferencial, quer dizer amorosa, que o discurso analítico dito de livre associação não é mais simplesmente intelectual, mas implicitamente afetivo"[26]. A correlação entre psicanálise e fé recobre a hipótese de que o amor de Maria pelo filho, mais concessor que disciplinador, é a contribuição do cristianismo e sua deusa mulher à mesma história. Hipótese reforçada pela constatação do fato de que o filho só é humano pela mãe e a verificação da especialidade de um amor ungido pelo dom da presença, no clímax da aflição, já que é a mãe que sempre lá esteve, que ainda lá estará, ao pé da cruz, na hora da agonia. "Stabat Mater" intitula-se um dos capítulos mais acessados de *Histórias de Amor*. De par com a reinterpretação não logofalocêntrica do platonismo, é esse cristianismo marial, ele também salvo do patriarcalismo greco-cristão, a contribuição de Kristeva não somente à psicanálise *made in France*, mas aos atuais *gender studies* anglo-saxões.

Como vimos, a nota distintiva de Lacan pensador do Eros platônico descarnado era perceber que, tendo entendido tudo sobre o amor, e aparando o golpe de sua penúria, o Sócrates de *O Banquete* funcionava como anteparo psicanalítico. Por sua vez, o diferencial de Kristeva está em reparar que, se o amor de transferência é fusional, ele o é pela virtude da palavra movimentada entre as partes. Já

---

26 J. Kristeva, *No Princípio Era o Amor*, p. 13.

que, segundo ela, essa palavra não pode ser compreendida a partir do modelo linguístico discricionário, que separa o significante do significado, de acordo com a definição saussuriana do signo, pautada na arbitrariedade da relação entre as palavras e as coisas. A palavra analítica, escreve Kristeva, vai "além da cena das representações linguísticas arbitrárias", pois não é "significação", é "significância". Toda a diferença aí introduzida está posta no sufixo ativo da segunda nomenclatura – significância –, que abre o território fechado da primeira – significação – para uma dimensão translinguística, fora das normas da comunicabilidade, em que já não voga mais o corte entre a sensibilidade e o *lógos*[27]. É para marcar tal distinção que ela faz intervir a "khôra".

O conceito surge de um Platão menos manejado, à margem do horizonte da linguagem entendida como tradução da ideia, aquele do *Timeu*, texto do último período do filósofo. Particularmente sujeito à discussão, no contexto da longa tradição exegética em torno do platonismo, trata-se daquele diálogo em que a personagem do título, um representante do pensamento pitagórico, expõe sua doutrina da criação do mundo, levando o debate para o reassentamento da cosmogonia socrática. Sob a insuflação de Timeu e a supervisão de Sócrates, as partes concordam em acomodar à dualidade do sensível e do inteligível, que o *lógos* traceja e ultrapassa, uma terceira forma, que não seria nem uma coisa nem outra, ou que não seria ainda alguma coisa, mas ficaria entre as duas dimensões, num espaço instável, prévio a tudo o que existe e, eis o principal: matriz de tudo o que existe. É a essa zona intermediária que os debatedores chamam "khôra", palavra de definição controversa, que em grego clássico significaria "lugar", "território", "sítio", "município", alusivamente às cidades fora de Atenas. Na instância informe da "khôra" platônica, situar-se-iam todas as formas substanciais do universo sensível. Donde

---

27 Ibidem, p. 14.

Timeu dizer, a seu respeito, que é como uma mãe ou ama. Fazendo a ponte entre esse espaço e o *huis clos* analítico, Kristeva o resume assim: "receptáculo anterior ao um, ao pai e mesmo à sílaba, metaforicamente designado como alimentar e maternal"[28]. Repare-se que tudo nesse espaço instável, matricial e prévio à linguagem articulada pode ser remetido à razão antropofágica oswaldiana.

Doravante, a "khôra" estará no centro da semiótica de Kristeva, funcionando aí como um retorno pré-discursivo ao materno, ou como uma língua disfásica, não comunicativa, mas sensível, no interior do que ela chama "os vãos reputados inomináveis da significância"[29]. Jacques Derrida interceptaria a discussão, no final desses mesmos anos 1980, para suspeitar da neutralidade desse espaço supostamente vazio, de modo a repô-lo na lógica do mito, vendo-o como a "construção em abismo" ou a *mise-en-abîme* a que se amarra a trama interpretativa da filosofia a desconstruir[30]. Por sua vez, concordando com Lacan e Derrida, Judith Butler retorquiria que, sendo a "khôra" kristeviana tão feminina, e tão jubilosamente infensa à castração, já que está a salvo das discriminações linguageiras, esse amor nada mais é que o perverso homossexual. Muito do extenso capítulo que *Problemas de Gênero* consagra a Kristeva bate na tecla de que essa dissolução da lei paterna só se sustenta graças à articulação da libido a uma linguagem poética, o que é para a americana uma providência "temporária e fútil", na prática apolítica[31].

A quem se poste do ângulo das relações entre as anarquias kristeviana e oswaldiana, interessa esse espaço amoroso uterino que, sendo anterior ao um e à sílaba, participa forçosamente, para Kristeva, da vertigem epistemológica das linguagens poéticas. Absorvido na maternidade, esse amor prescinde de palavras, é um balbuciar, uma *lalia*.

28 Ibidem.
29 Ibidem, p. 17.
30 *Khôra*, p. 72.
31 J. Butler, *Problemas de Gênero*, p. 142, 144.

Ora, é por essa via de uma poesia em vertigem que o feminino de Kristeva mais se presta a ser comparado ao de Oswald. Já que é junto com a agramaticalidade que a devoração oswaldiana impõe sua natureza feminina anterior à violência da cultura.

Não custa terminar notando que, ao mesmo tempo que antecipa todas essas novas políticas dos gêneros e performances sexuais, todo esse novo afloramento do desejo, toda essa redesignação dos corpos, toda essa travessia *trans* de que nos vêm falar hoje esses outros estudos do esquisito que são as teorias *queer*, a *khôra* oswaldiana guarda preciosa distância em relação às atuais performances corporais ditas não identitárias, à moda de um Paul Preciado. Pois que seriam as reconversões sexuais que temos agora, movidas a autorreconstrução hormonal e reparação cirúrgica, senão passagens da utopia ao positivismo?

3. TUDO MENOS A POESIA DA POESIA

> *Fiz um poema sobre nada:*
> *Não é de amor nem é de amada,*
> *Não tem saída nem entrada,*
> *Ao encontrá-lo ia dormindo pela estrada*
> *No meu cavalo.*
>
> GUILHERME DE PEITIEU;
> AUGUSTO DE CAMPOS, *Canção*.

Se as diferentes abordagens de Haroldo de Campos à obra de Oswald de Andrade pertencem hoje a uma história de nossas revisões críticas, a que já se pode creditar o mérito de devolver ao patrimônio da literatura brasileira algumas poéticas tão mais instigantes quanto intratáveis, o centenário da Semana de Arte Moderna convida-nos a considerar que, partícipe dessa revisão do cânone, Augusto de Campos inscreve ainda nessa história uma particular reflexão sobre o estilo dito problemático de Oswald, que passa por refazê-lo, numa prática poética que bebe dessa fonte e a realimenta. Sem que se queira exaurir toda a especificidade dessa poesia minimalista, da "composição em página", entre fragmentária e sintética, como a vê, longe de nossas tensões críticas, o argentino Gonzalo Aguilar[1], e resguardando-se as instigações estrangeiras, pode-se dizer que muito dela é réplica viva à fatura oswaldiana, via procedimentos que lhe ressaltam precisamente as qualidades minimais. E o fazem, aliás, oferecendo aos críticos-sociólogos aguerridos, que tomam a síntese minimalista por simples, fácil e descompromissada e cobram empenho das literaturas, a oportunidade de reunir um e outro poeta sob a mesma pecha da vanidade desabusada e autossatisfeita.

Vimos que o Mário de Andrade do discurso do Itamaraty desconfiava de seu passado, que já não era mais seu amigo. Ocorre que, numa dessas suas peças montadas, o poema "Pós-Tudo", talvez o seu mais conhecido graças aos ataques recebidos, Augusto de Campos também está de volta ao passado. No aniversário de cem anos das escaramuças do Municipal e mais de três décadas depois de um outro "caso" criado pelo referido poema, retornar à controvérsia pode ser tão mais oportuno quanto as razões críticas a que ele é submetido retomam ponto por ponto aquelas aplicadas a um outro poema de Oswald de Andrade, "Pobre Alimária", do álbum "Postes da Light", integrante das *Poesias Reunidas* do autor. Tudo isso é encontrável nas páginas de um volume de Roberto Schwarz não à toa chamado *Que Horas São?*, que aponta para o atraso de uma cultura periférica brasileira pré-tudo. Tudo pede para ser entendido à luz da referência de um outro capítulo de *Que Horas São?*, chamado "Pressupostos, Salvo Engano, de Dialética da Malandragem", onde encontramos que a "crítica exigente", no caso, a de Antonio Candido, aí homenageado, é aquela que faz a "sondagem do

---

1 *Poesia Concreta Brasileira*, p. 277.

mundo contemporâneo *através* da literatura", com um grifo sob "através"[2]. Isso significa que a literatura é parte dessa mesma sondagem. E isso forçosamente define o que não é literatura. Pois bem, nos termos de *Que Horas São?*, nenhum dos dois poemas acima mencionados parece ser literatura.

Comecemos pelo poema de Oswald. Trata-se de uma décima ou enfiada de dez versos, se o podemos dizer de uma poesia que já se quer depois do verso, como também acontece com a de Augusto, assim irreverentes: "O cavalo e a carroça/ Estavam atravancados no trilho/ E como o motorneiro se impacientasse/ Porque levava os advogados para os escritórios/ Desatravancaram o veículo/ E o animal disparou/ Mas o lesto carroceiro/ Trepou na boleia/ E castigou o fugitivo atrelado/ Com um grandioso chicote". Até porque de cocheiro e cavalo se trata, tudo aí, para Schwarz, é feito para enviar "sinais positivos", e mesmo para dar um "ar de piada", a "nossas relações rurais atrozes". O que ele entende por relações rurais atrozes são aquelas mesmas que, em nossa melhor versão da crítica dialética, Candido reencontra na crueldade da comédia ideológica de certo naturalismo brasileiro e, acrescente-se, o próprio autor de *Que Horas São?* surpreende no pessimismo de Machado de Assis.

Adiantando as conclusões sobre Augusto, o capítulo consagrado a Oswald principia com esta averiguação impiedosa: "Oswald de Andrade inventou uma fórmula fácil e poeticamente eficaz para ver o Brasil." Segundo Schwarz, a facilidade deriva de uma perspectiva crítica típica das vanguardas, poéticas como políticas, de Lênin a Brecht, passando pelo poeta de "Postes da Light", consistente na afirmação de que a arte, por si só, pode dissipar "as brumas obsoletas e antidemocráticas" que cercam as coisas e os espíritos, e abrir um caminho moderno para a "cultura exigente" – repare-se que "exigente" já se faz aí

---

2 R. Schwarz, *Que Horas São?*, p. 154.

notar –, desejosa de mudança. Essa primeira farpa continua na constatação imediatamente subsequente de que, no fim das contas, nada é dissipado, mas as vanguardas europeístas desenvoltas acabam sempre levando reforços à tendência contrária, a conservadora. Prova disso, para esse leitor de Adorno fixado na devastação do capitalismo, seria a acomodação final de Oswald ao mercado e à mídia, naqueles anos 1980, em que *O Rei da Vela* triunfa e a própria desidentificação brechtiana foi parar na televisão (ele poderia aduzir que, a partir de determinado momento, a própria crítica social frankfurtiana, que é uma de suas referências teóricas, foi parar no circuito semiculto dos Cafés Filosóficos e Casas do Saber, onde também se fetichiza a teoria marxista do fetiche).

Nesse ponto entra uma descrição daquilo que o crítico chama a "matéria-prima" do poema, parecendo referir-se aos conteúdos, ou aos valores de informação, assim confundidos com a realidade não simbólica, sendo eles, no seu dizer, a "justaposição de elementos próprios ao "Brasil-Colônia" e ao "Brasil-Burguês". Chama-lhe a atenção o "registro coisista" ou "pão pão queijo queijo" dessa configuração da matéria – um bonde, uma carroça, o trânsito empacado –, e o caráter "deliberadamente rudimentar" dessa disposição. Isso prepara a providência seguinte que é surpreender a ocultação da disparidade pela singeleza. Essa outra reflexão passa por anotar que, nos dois Brasis que se dão em representação na pauliceia oswaldiana, o do bonde leva vantagem sobre o da carroça, o da pressa ganha do da lerdeza. O carroceiro que dá para trás fustigando o cavalo desempata a luta entre o atraso e o progresso, com seu recuo, e o faz em favor do progresso. Situação agravada pela verificação de que o arranco do amor-próprio ferido que faz o pobre homem fustigar o animal tem contrapartida na impaciência do motorneiro, que também tem seu lado a defender, havendo ainda no ar a questão da nervosidade e da honra de cada um, a desvelar uma pequena sequência extra de violências, a do motorneiro que "desconta" no carroceiro, a do carroceiro que "desconta" no cavalo, tudo confluindo para um alinhamento dos contrastes, não mais que pitorescos, ou para uma pacificação final. Assim, no fim das contas, no Brasil de Oswald, o bonde e a carroça "estão mais para iguais que opostos".

Progredindo da matéria à forma, e passando dessa primeira leitura temática a uma outra mais estética, é o que ele também depreende do que chama a "composição" do texto. Aqui, a argumentação alcança a construção precipitada do texto. Augusto de Campos a chamou "colagem brutalista"[3]. O problema que isso cria, agora, é a superficialidade das tomadas. O poeta está na rasura dos fatos, que "tomam o primeiro plano". Para o arguidor, isso mostra que ele flerta com a "presença pura". Além do mais, para ele, isso também conduz uma "visão encantada" do mundo, assim disposto "sob um signo enternecido e diminutivo, como num desenho de Tarsila". O espetáculo é de uma "visualidade sem segredo". O jogo da presença é sem "profundidade temporal e outras". Para Schwarz, isso é tudo de que o modernismo oswaldiano precisa para "passar por cima dos antagonismos" que sua cena de rua põe a nu e para envolver as partes contrárias que aí se enfrentam "numa mesma simpatia". O gosto modernista, explica, "empurra para o segundo plano toda a dimensão relacional das figuras, lhes suprimindo a negatividade. E estamos de volta à facilidade formular, por onde a resenha havia começado"[4].

Como acontece na abertura deste capítulo sobre o poema de Oswald, a seção reservada ao poema de Augusto começa pela constatação de Schwarz de que "Pós-Tudo" também nos engana quanto ao seu progressismo, quando fala de grandes mudanças, concebendo-se assim como o "marco" de alguma "inflexão histórica", intenção desta

---

3 *Poesia, Antipoesia, Antropofagia & Companhia*, p. 203.
4 *Que Horas São?*, p. 11-28.

feita ainda mais escancarada, a julgar pelas "letras grandes e estudadas" do texto em forma de cartaz. A sua tipografia "chamariz" enseja repisar a nota sobre a pretensão "à presença", à pura ostentação, aqui piorada em "aspiração ao monumento e à inscrição em pedra". Também nesse caso, tal aspiração faz suspeitar de que o poeta se furta à "profundidade temporal", donde, já no segundo parágrafo, a pergunta enquadradora acerca da circunstância dos fatos: "quando é pós-tudo"? É para poder jogar, mais adiante, com a hipótese de que as artes que se dão por avançadas só fazem subtrair-se ao tempo histórico – que é o do relógio, como diz "que horas são?" –, que o crítico se lança na mesma leitura zombeteira dos seis versos, se é que o são, do pequeno poema tipográfico, epigramático, paragramático, que, se lido na horizontal, que não é sua única direção, diz: quis/ mudar tudo/ mudei tudo/ agorapóstudo/ extudo/ mudo/.

O que significaria, afinal, esse "quis mudar tudo", seguido dessa constatação de que "tudo nunca é tudo", como se pode ler em "agorapóstudo/ extudo/ mudo", que se apresenta assim, a nossos olhos, pisca-piscando, graças ao efeito *op art* do desenho dos caracteres, obediente à voga da "citação de estilos da era presente", a do pós-moderno? Teria isso a ver com a pessoa física de Augusto? Ou com algum outro criador, subjetivo ou objetivo, individual ou coletivo, a passar-se a limpo? E do que estaria falando exatamente esse sujeito que não se pode saber quem é? De si mesmo, dos destinos da poesia brasileira, da posição da poesia brasileira no concerto da literatura mundial? Seria isso sobre o Brasil ou sobre a cultura do Ocidente? Aqui, o cômputo do "coisismo" de Oswald agravou-se em constatação da "supressão da empiria", por conta não apenas da maior penúria das informações trazidas sobre o enunciador, mas desse "tudo" intempestivo que é "o dado de empiria central" que se tem. Assim, se no caso de Oswald, a pouca matéria não dava margem a erro de interpretação, levando firmemente às conclusões que vimos, neste caso, as mesmíssimas conclusões passam antes por digressões, só aparentemente caprichosas, na verdade capciosas, em torno das diferentes possibilidades de se entender aquilo que o crítico chama, já fazendo pouco do pensamento nas trincheiras avançadas das vanguardas, o arremate em que o poeta "põe fé", e aquilo que ele chama, já fazendo pouco da antipoesia, de "eu lírico". Afinal, com quem estaria a palavra? Com o próprio Augusto, que se olha por cima dos ombros? Com algum concretista local? Com algum artífice do movimento da arte moderna internacional com que o concretismo se equipara? Vai nessa mesma linha de checagem uma outra abordagem, dita mais "técnica", que explora por um minuto o alinhamento em colunas. A coluna da esquerda, que, verticalmente, diz: mudar/ mudei/ mudo. A coluna da direita, que, nessa mesma posição, diz: quis/ tudo/ tudo/ tudo). A despeito da providência, escapa a essa nova investigação outras quedas verticais de segmentos como um "ria", que se inscreve via as letras finais de muda*r*/ mude*i*/ agor*a*/, como bem notou o próprio Augusto, chamando a atenção para uma dimensão irônica do poema que "muda tudo"[5]. E um "quero quero quero" que se poderia deduzir semanticamente de "quis/ tudo/ tudo/ tudo/", caso se desse ao "mudo" final o sentido de "mudar", e não o de "emudecido", para maior ironia. Decodificação que aliás viria problematizar uma observação do crítico sobre a ausência de satisfações do poema sobre o seu sujeito e a total falta de expressão subjetiva, o que lhe rende uma outra observação sobre a diferença entre a dureza impassível do poeta concretista e a alma espontânea da poesia marginal, pela qual Schwarz leitor de Cacaso tem muito mais apreço.

O saldo dessas análises que evoluem resistindo à mobilidade polissêmica do texto, até por passar ao largo da solicitação de uma "leitura ótica", senão de um "olhar sonoro", para citar o americano Kenneth David Jackson

---

5 A. de Campos, *À Margem da Margem*, p. 175.

sobre as convocações semióticas das sobreimpressões e do *trompe-l'oeil* de Augusto[6], é sempre negativo. Mais preso à matéria que à relação dos materiais, mesmo quando se quer técnico e multidirecional, o laudo fecha-se sobre a banalidade da "historieta" desse sujeito incerto que quis mudar tudo e deu com os burros n'água, e sobre a sabedoria "insípida", "acaciana", "filosofante", antiga demais para um moderníssimo, da experiência em questão. Assim, é com a palmatória na mão, como diria Oswald, e batendo na mesma tecla da crítica ao poema de Oswald, que a crítica ao poema de Augusto termina nesta pergunta enquadradora, irrealizante e monotemática: "Mas o que foi mesmo que houve?"[7]

Diferir o Sentido

O aniversário da Semana de Arte Moderna oferece-nos a oportunidade de desarquivar leituras não apenas mais compreensivas do legado oswaldiano, porém mais sensíveis ao que se reativa de Oswald na poesia de Augusto. Mesmo porque – para nossa surpresa –, uma das mais acolhedoras dessas recepções o fará jogando com a mesma pobreza informativa em que Schwarz deposita a falha dos dois poetas. Mais e melhor que isso, verá essa pobreza funcionar no coração mesmo do discurso de Machado de Assis, como penhor do refinamento do romancista, ou dessa tartamudez que o mesmo Schwarz atribuiu à volubilidade do narrador, mas sem dá-la por improdutiva, bem ao contrário. E já que nesse outro observatório o valor de uma literatura não se afere da capacidade de suas formas implicarem as formas sociais, mas de sua capacidade de pensarem as formas em si e no embate entre si, não é ao

---

6 Augusto de Campos e o "Trompe-l'oeil" da Poesia Concreta, em F. Süssekind; J.C. Guimarães (orgs.), *Sobre Augusto de Campos*, p. 13.
7 *Que Horas São?*, p. 57-66.

Brasil do Segundo Império que isso nos remete, como em Schwarz, mas a este outro tartamudo genial que é Flaubert.

Efetivamente, começando pela magreza estética de Machado de Assis, há uma melhor opinião sobre as poéticas antieloquentes que nos vem de Haroldo de Campos, em "Arte Pobre, Tempo de Pobreza, Poesia Menos", capítulo de *Metalinguagem & Outras Metas*, coletânea dos anos 1990, em que três ensaios se somam às suas oswaldianas. Lembra Haroldo nessas páginas, desenterrando a campanha de Silvio Romero contra o escritor, também por ele acusado de nada dizer, as notas demolidoras desse representante da Escola do Recife sobre a "gagueira" de Machado, que vê ainda como um estranho no ninho brasileiro, dentro do ideário da valorização do meio tropical e do impacto das raças e línguas sobre as literaturas que é próprio das hipóteses modernizadoras da corrente. Ele recorta da *Introdução à História da Literatura Brasileira* de Romero este excerto que hoje não podemos ler sem espanto:

O estilo é plácido e igual, uniforme e compassado. Sente-se que o autor não dispõe profusamente, espontaneamente do vocabulário e da frase. Vê-se que ele apalpa e tropeça, que sofre de uma perturbação qualquer nos órgãos da palavra. Sente-se o esforço, a luta. Ele gagueja no estilo, na palavra escrita, como fazem outros na fala.

E de saída opõe a tais declarações o que considera ser a grande contribuição dos falantes perturbados e das falas que emperram: uma "arte menos", na "fronteira do dizer", no "horizonte do precário"[8]. Dentro dessa outra hipótese, as artes "menos" efetuam uma interpretação do bem-dizer como violência retórica.

Haroldo vai depressa também associar essa arte não performativa da palavra àquela que a *Formação* deixou fora do processo evolutivo da literatura brasileira, a barroca. Nesse sentido, lembra que o estilo barroco não é o

---

8 H. de Campos, *Metalinguagem & Outras Metas*, p. 222.

das retóricas beletrísticas, o "lavreado", o "marchetado", de efeitos puramente quantitativos, nem é o voltado à "transparência", de efeitos puramente transitivos e informativos, mas é aquele "hiperléxico", pautado por uma "ética do desperdício", que vai na direção da "transgressão do útil". Ele quer dizer com isso que o discurso barroco é o oposto mesmo do falar fluente, que os defeitos que lhe são imputados não são defeitos, mas anteparos contra "o padrão normativo do parnaso-acadêmico", aquele mesmo contra o qual se insurgia a Semana. A prova: quando nota a falta de "colorido" do estilo machadiano, a indecisão de sua escrita, Romero traz prontamente à baila a contraprova de escritores "vibrantes, opulentos, profusos" como Alexandre Herculano, Latino Coelho e o maior deles, Rui Barbosa. O exemplo discriminante leva direto à retórica bacharelesca. Na contramão de tais verves, o efeito "menos" define um paradigma da *poiesis* antes que da poesia. Desafia a ordem convencionada da representação. Quer significar a singularidade de seu próprio evento.

A passagem dos problemas de fala de Machado aos de Oswald recebe de Haroldo, em *Metalinguagem & Outras Metas*, o tratamento que seria de se esperar de um método crítico comparatista e calcado na razão linguística das obras. É o mesmo procedimento – repita-se – que assiste a sua revisão de Gregório de Matos. O que ele toma como traço comum a ambos os barroquismos é, de um lado, a intenção metalinguística das elocuções trôpegas, isto é, a capacidade que elas têm de "dar o dito por não dito, no mesmo passo em que ele é dito", com toda essa volta da linguagem sobre si mesma. De outro lado, dado o estranhamento proporcionado pelo estilo indeciso, é o efeito de ironia, a paródia salutar da pilhéria, ela também uma volta do código sobre si. Tudo junto, o que também se tem – e é aí que entra Flaubert – é a mesma distância perturbadora que o assim chamado discurso indireto livre abre no cerne da frase. Dispositivo típico de Flaubert, particularmente em curso no romance inacabado e bem menos conhecido e estimado do autor que é *Bouvard e Pécuchet*, o indireto livre instala um ruído, uma dissonância entre a instância da narração e a da ação, ou entre o que diz ou pensa o narrador e o que diz ou pensa a personagem, graças a um cruzamento das vozes na execução do diálogo, uma perturbação interessante na passagem do enunciado para a enunciação. Como nesta sequência de *Bouvard e Pécuchet*, em que falam Flaubert e seus dois heróis: "Às vezes abriam um livro e o fechavam, ler para quê?"[9] Quem acha que ler é inútil, qual o sujeito?

Formalmente, isso corrói a centralidade, o aspecto mais direto do enunciado. Mais que tudo, compromete a autoridade do autor, o foro julgador que o sujeito enunciador é suposto representar. Foi essa duplicidade elocutória do escritor conhecido por não encontrar *le mot juste* que o fez ganhar o processo que lhe moveu a justiça francesa, por atentado aos bons costumes e apanágio do adultério, quando da publicação de *Madame Bovary*. Haroldo relembra que a defesa se valeu justamente da "matéria esgarçada e lacunar" do texto para isentar o romancista de qualquer pretensão ao domínio dos acontecimentos relatados, ou pretensão à verdade, invocando a sua impessoalidade e lendo o livro contra o próprio escritor. E de imediato entende a volubilidade de Machado – para Schwarz a maneira refinada de o estilo indeciso machadiano incorporar a fratura da nação brasileira, escravista e burguesa – como resultante do mesmo tipo de dispositivo, o que lhe permite encerrar a natureza do indecidível machadiano no trabalho da forma[10]. Mas não sem levar reforços para a questão da discussão em torno da questão da culpa, ou não, de Capitu que tanto ronda o evento do adultério narrado no romance, inclinando alguns críticos a desler a acusação contra a mulher, revertendo-a em desfavor de Bentinho, representante de uma sociedade misógina[11]. Vista

9 *Bouvard e Pécuchet*, p. 259.
10 H. de Campos, *Metalinguagem & Outras Metas*, p. 233.
11 J. Gledson, *Por um Novo Machado de Assis*, p. 345.

do prisma da labialidade do narrador machadiano, isso é tão singelamente conteudista quanto acusar Bovary de atentar contra a moral e os bons costumes.

Associam-se a esses reparos de Haroldo acerca da economia *poietica* de Oswald, que vai do enunciado-relâmpago dos manifestos ao capítulo epigramático de frase única dos romances, passando pelos *flashs* ofuscantes dos poemas, o estabelecimento de uma certa linhagem de mestres estilistas "pobres", pósteros da Semana, de algum modo devoradores da devoração, como Augusto. Depois de Machado, entre os brasileiros, entram nesse rol Graciliano Ramos, certo Drummond, João Cabral e, entre os estrangeiros, Pound e Joyce. É esse o "paideuma", o elenco compacto de poetas fortes à luz do qual um leitor não aversivo a desarmes vanguardistas do estilo clássico poderia começar a reler "Pós-Tudo". E é sob o abrigo dessa outra oficina de leitura que o irmão de Haroldo vai replicar às provocações do autor de "Marco Zero", em cima do lance, no capítulo "Dialética da Maledicência", de seu álbum crítico *À Margem da Margem*, disparando, sob a égide do paideuma, que só o que Schwarz não entendeu de "pós--tudo" foi "a poesia de minha poesia"[12]. Ele quer dizer: a beleza da coisa. É sob a égide de Flaubert, no primeiro capítulo do mesmo volume, intitulado "O Flaubert Que Faz Falta", que ele vai nos dizer como gostaria de ser lido, ou com que leitores ideais está contando, indo, para tanto, ao testamento de Flaubert.

Aí ele faz o elogio do escritor de quem Borges, imediatamente convocado, dizia que "agonizou para produzir uma obra avara e preciosa"[13]. Desconcertante pela "neutralidade da linguagem, pela falta de qualquer brilho aparente, pelo anti-heroísmo das personagens", a avareza de Flaubert lhe parece atingir o auge em *Bouvard e Pécuchet*, e o auge do auge, no desenlace planejado para

---

12 *À Margem da Margem*, p. 176.
13 J.L. Borges, Ficciones, *Obras Completas de Jorge Luis Borges*, p. 263.

esse livro, e só conhecido postumamente, o *Dicionário das Ideias Feitas*, que traduz por *Tolicionário*. Toda a relevância do *Tolicionário* prende-se ao fato de que foi pensado *in extremis* por Flaubert para ser a parte final de *Bouvard e Pécuchet*, seu fecho cômico. E ainda, ao fato de que esse acabamento final foi pensado para assumir a forma de um dicionário satírico, vocacionado a colecionar as trapalhadas das personagens do título – dois aposentados solitários que resolvem mudar para o campo e se dedicar aos estudos –, castigando assim os saberes estabelecidos nos livros que a dupla vai fichando. Somos convidados a seguir os dois pesquisadores hilários em seu confronto com as opiniões estabelecidas, as doxologias, o discurso formular dos livros. Certamente, o humanitismo de Machado não fica longe disso, fazendo pouco, como faz, das correntes de força do pensamento oitocentista – positivismo, naturalismo, evolucionismo – que aportam no país, para o deslumbramento de nossas elites malformadas. Mas aquilo que em Machado ocupa partes de *Quincas Borba* e a mente deste outro trapalhão que é Rubião, em Flaubert, assume proporções de obra à parte e projeta-se para o futuro como uma enciclopédia da *bêtise* ou um *sottisier*.

O saldo de tudo isso é o nexo entre a tolice e o bem-dizer. De fato, lembra o Haroldo de *Metalinguagem & Outras Metas*, em uníssono com Augusto, que o intuito dessa parodização dos discursos de autoridade, confessado na correspondência de Flaubert, era castigar de tal modo os estereótipos de linguagem que ninguém mais, depois de lê-la, ousasse falar. O descarrego de jargões da língua inglesa, no *Ulisses* de Joyce, seria uma contrapartida disso. O *Livro* de Mallarmé, com suas muitas possibilidades de leitura, nenhuma a boa, seria outra. Até porque Haroldo é leitor de Barthes, vale lembrar que é por esse mesmo impasse que começa *O Grau Zero da Escritura*, tomando precisamente Flaubert e Mallarmé como os deflagradores de um processo que vai dar na "escritura neutra", "branca", não assertiva de autores como Albert Camus, Maurice Blanchot e Alain Robbe-Grillet[14]. O que o concretismo encarece nesses votos de silêncio poético, que o chefe da *nouvelle critique* francesa chamou "grau zero da escritura", é a radicalidade de sua revolução da linguagem[15]. Isso envolve a demanda ética de acusar a falta, o acaso da linguagem e, diante disso, a tarefa moderna de diferir infinitamente o sentido.

A consciência infeliz não é do atraso nacional, mas dessa falta. Não apenas a sociedade é injusta, mas também a linguagem. A literatura constitui o lugar de um envolvimento particular de quem escreve com aquilo mesmo que lhe serve de instrumento. Nessas condições, é um enclave de ordem dentro da linguagem que certamente a perturba, sem que a irrelevância da mensagem assim desfuncionalizada seja irrelevante. Antes de Schwarz assinalar as imprecisões voluntariosas da poesia de Augusto de Campos, Candido já via na "qualidade da eloquência pela elipse" de Oswald de Andrade uma "habilidade perigosa", para ele, "malabarista"[16]. Um advogado do diabo diria que é daquela consciência partida para a frente que o minimalismo de "Pós-Tudo", em dia com as revoltas lógicas das poéticas modernas, pede para ser entendido. É como o mesmo Augusto entende Oswald quando vê a "violenta compressão" a que ele submeteu o poema como confronto ao "vício retórico nacional"[17].

Em suma, cem anos redondos depois de tudo, temos bons motivos para ainda refletir sobre esse concretismo de que já falava Oswald – "Sejamos concretistas", diz o manifesto como já vimos –, envolvida que a tendência está nessa querela dos antigos e modernos que, entre nós, toma a forma de querela dos subversores e dos ordenadores de linguagens e, ato contínuo, de querela dos comprometidos

---

14 R. Barthes, *Oeuvres completes, t. 1*, p. 173.
15 A. de Campos, *À Margem da Margem*, p. 21.
16 *Brigada Ligeira e Outros Escritos*, p. 31.
17 *O Sequestro do Barroco na Formação da Literatura Brasileira*, p. xx

e descompromissados do processo nacional. Mesmo porque o estado da arte de Augusto de Campos é tão multidisciplinar e imponente quanto o do poeta antecessor. O conjunto probatório envolve, de um lado, uma "erudição emérita", palavra do observador extragabinete Affonso Ávila sobre Haroldo de Campos, que vale para o irmão[18], que, apenas no plano da literatura, redunda num imenso arquivo de traduções transcriadoras – Cummings, Pound, Joyce, Maiakóvski, Mallarmé, Blake, John Donne, provençais, John Keats, Gertrude Stein, Rilke, Hopkins, Corbière, Rimbaud, Dante, Cavalcanti, Borges, Emily Dickinson, August Stramm, Byron, Keats –, a acessar toda uma cultura literária universal, que não apalparíamos se não fosse por sua intervenção.

De outro lado, abrange uma musicologia sofisticada – Schoenberg, Webern, Stockhausen, Cage, Boulez, Berio –, que não só é levada para o domínio da poesia, dentro da concepção de que as diferentes artes se frequentam reciprocamente, mas contesta a advertência de Mário sobre o caráter "abstruso e hedonístico" da música de Schoenberg[19]. Vimos como Augusto estende pontes entre o riso de Erik Satie e o de Oswald. Mas precisa-se ainda dizer que sua bagagem musical é igualmente incomum numa cultura universitária brasileira, nisso marioandradina, muito propensa a encontrar a poesia na letra da canção popular, quando não convertida à música popular brasileira, a ponto de alguns de seus mais ilustres representantes passarem à composição, ao show, à aula-show. Isso sem prejuízo de uma outra discrepância, em seu momento corajosa, com as ideias acadêmicas estabelecidas, em o *Balanço da Bossa*, de 1968, livro que vem romper o silêncio que aqui se fazia, naqueles idos, sobre a bossa nova, cravando uma fenda em nossa crítica cultural afeita à

---

18 Viva Haroldo – Viva Gregório, em H. de Campos, *O Sequestro do Barroco na Formação da Literatura Brasileira*, p. 11.
19 *Música Doce Música*, p. 352.

declinação da tensão nacional *versus* estrangeiro e contrária aos enlaces impuros do samba e do *cool jazz*.

E já que o concretismo sempre foi partidário do investimento das tecnologias da informação pelo poeta, a começar pela manipulação ostensiva da máquina da linguagem, considere-se ainda uma sua infopoesia ou *web art*, produzida em estúdio doméstico. A passagem do concreto ao digital reafirma o concreto. Reafirma também a ânsia de *aggiornamento* do concretismo, ensejando olhar os estilhaços do "lance de dados" mallarmeano com os olhos da linguagem computacional, ou tomar as famosas "subdivisões prismáticas da ideia" como hipertexto[20]. O projeto já estava no horizonte de Raymond Queneau, vejam-se as suas simulações de maquinação poética em *Mille milliards de poèmes*, em tradução livre *Zilhões de Poemas*. O último Augusto tem assinado e lançado na internet, com vistas a uma ação contrarrede, o que chama de "clip poemas" e "performances verbivocovisuais", que são sincronizações orais, musicais e visuais de uma *nova* poesia material. Esses são trabalhos suscetíveis de mostrar aos *easy poets* não apenas que não há arte sem técnica, como quereria demonstrar o gênio espontâneo da poesia marginal, mas que a técnica e a tecnologia, por si sós, não fazem a diferença. Ainda que, sim, importem. "Um quadro são linhas e cores, a estatuária são volumes sob a luz", já dizia o *Manifesto Antropófago*[21].

Exemplário

O cotejo dos ataques críticos de Roberto Schwarz aos poemas de Oswald de Andrade e Augusto de Campos deixa ver, junto com a afirmação da prevenção contra as

20 A. de Campos, *Poesia, Antipoesia, Antropofagia & Companhia*, p. 320.
21 O. de Andrade, Manifesto Antropófago, em J. Schwartz, op. cit., p. 137.

vanguardas, que aqui se quis destacar certa outra afirmação de uma constante de estilo, ou marca obsessiva de escritura. O crítico escreve como quem sabe, não o que é a poesia, mas o que ela não é, quando vem a acontecer na periferia do capitalismo, mais apaixonado que ele está pela questão das culturas não centrais do que por literaturas. Essa certeza negativa e a reiteração da versão de que o vanguardismo é bobagem reguarda-se num regime de sentido que seria o da ironia – como a teríamos em sequências aparentemente hesitantes sobre o que pode o poeta periférico do tipo "o espírito avançado que estamos tratando de caracterizar" ou "o sujeito ativo e desimpedido da poesia vanguardista" –, não fosse o desmentido automático da duplicidade irônica pela monotonia dos golpes de martelo malhando sempre o mesmo ferro. A pequena coleção de excertos abaixo, tirada dos dois capítulos de *Que Horas São?* dedicados a Oswald e Augusto, respeitando a cadência dos textos, ilustra a angústia sociológica que subjaz a essa imaginação crítica, cujo verdadeiro estilema parece ser a adjetivação. Tendência a lembrar o Machado de Assis da *Teoria do Medalhão*, quando nota que o adjetivo é a alma do idioma, a sua porção idealista e metafísica. O ideal sendo aqui o de um Brasil brasileiro. Tudo o que, para o melhor da Semana, o Brasil é e não é.

Aprecie-se o séquito das qualificações, sempre no mesmo sentido, nos fragmentos que se seguem:

o culto do achado feliz
a modernização conservadora
a feição otimista do tema
uma plataforma positiva
a singeleza familiar dos elementos
o modernista de primeira linha subversor exímio de linguagens
o paradoxo central (da poesia pau-brasil)
a preferência vanguardista e antissentimental pela presença pura
a caçoada do poeta cosmopolita
certo progressismo acomodatício
suas fórmulas de sete léguas

nossas relações rurais atrozes
a matéria flácida
o sujeito ativo e desimpedido da poesia vanguardista
uma generalidade para-sociológica
o mundo sem data e rubrica (tal como proposto no *Manifesto Antropófago*)
a sociedade contraditória
a brevidade feliz e magistral dos achados
as coordenadas incongruentes que a construção do poema superpõe
o efeito estratégico da composição
a visualidade sem segredo, toda em primeiro plano
a esfera rarefeita da pretensão absoluta
é bonito e banal
a gesticulação abstrata do desejo de transformar
a tipografia
esta sabedoria inespecífica e de tipo antigo
na trincheira avançada das vanguardas
a resignação avoenga
o "mudo" da conclusão adquire algo de fútil e inconsequente
vanguardismo abstrato, quimicamente puro
um eu paroxístico que não deve contas a ninguém
a autoridade do eu que não dá explicação
o "mudo" final aqui tomado em sentido acomodatício cínico
a designação vazia e abrangente do mundo a ser mudado
o modo burocrático de operar
o caráter genérico e filosofante do argumento central
as relações fisionômicas ou elementares entre as palavras
votos tão pios e vazios como a palavra mudar
a pouca especificação e a imprecisão intelectual
a disposição modernista de mudar tudo
a tranquilidade tranquilamente factual do poema
o enésimo exemplo de um procedimento chave dos concretistas
uma bobagem provinciana

Mas aprecie-se principalmente como esse senso da adjetivação discrepa daquele de que dá mostras o Machado evocado em epígrafe na abertura deste volume, quando qualifica o riso de Quincas Borba de "azul claro". Que quer dizer "riso azul claro"?

4. DESARMANDO A FORMAÇÃO

As formas sobrevivem.

GEORGES DIDI-HUBERMAN,
A Imagem Sobrevivente.

Vimos no primeiro capítulo que, em gesto inesperado, no âmbito de nossas práticas acadêmicas congratulatórias, um professor da universidade pública brasileira veio recentemente a campo estranhar o papel central que o movimento de 1922 passou a ocupar na cultura brasileira, imputando a magnificação de sua importância à força impositiva do aparelho paulista. Ora, é o mesmo crítico e professor, Luis Augusto Fischer, na mesma ocasião, que vai apontar o "ponto cego" da *Formação da Literatura Brasileira*. O professor estranha que, descrevendo a marcha por saltos de nossa literatura colonial rumo à brasilidade, Candido interrompa seu trabalho antes do salto, entre todos qualitativo, de Machado de Assis. Será por isso que, defensor da ideia de que a *Formação* é "o momento mais alto da teoria literária no país", Paulo Arantes se vê na contingência de consertar a situação, escrevendo que "a meditação sobre a carreira exemplar de Machado de Assis foi decisiva para a virada que deu origem à composição original do livro" e que "foi diante de Machado que Candido atinou com o que importava identificar em sociedades 'mal-acabadas' como a nossa"[1]?

Por mais esquivo que seja o discurso machadiano, e nesse sentido avesso à transparência de sua própria significação, fica ele assim comensurado àquela "disposição de espírito historicamente do maior proveito" que é, nos termos da *Formação*, a virtude da "encarnação literária do espírito nacional"[2]. Já o mesmo não se pensa da hiperlexia de Gregório de Matos, gênio barroco imemorial evoluindo no Seiscentos colonial brasileiro, dono de uma produção avulsa, só tardiamente compilada, que a mesma *Formação* descarta de nosso jardim das musas.

Ora, outra oportunidade que o aniversário da Semana nos oferece é a de apreciar a intromissão da colher torta de Oswald de Andrade nessa discussão do disparo da literatura brasileira, com tudo que ela rende de reexame do cânone, antes mesmo que a *crítica da crítica* de seus discípulos concretistas a assumam, a partir dos anos 1950, quando o autor de *Serafim* sai de cena. Aproveitá-la pede que se reabra o dossiê do tomo seis das obras completas e se compulse o texto da tese de Oswald, intitulada "A Arcádia e a Inconfidência", não aceita na Faculdade de Filosofia, Ciências e Letras da Universidade de São Paulo, uma vez que ele já sustenta aí, fiel à maneira antropófaga de recuar ao passado do passado, em busca de marcas memoriais fortes, não apenas que havia vida literária na colônia iletrada, tão notável quanto aquela movimentada, em seu tempo, pelo trovadorismo ou pelo gongorismo,

---

1 P. Arantes, Providências de um Crítico Literário..., em P. Arantes; O. Arantes, *Sentido da Formação*, p. 30, 69.
2 A. Candido, *Formação da Literatura Brasileira*, p. 26.

mas que essa vida literária era bem mais digna de nota que aquela que se levava no Brasil do século XVIII, com esses versejadores "insípidos", com nomes de pastor grego, que são os árcades, e esses líricos "maçantes" que são os nossos primeiros românticos, os novos "coitados do amor"[3].

De fato, existe nessa parte terminal da obra de Oswald, pedindo para ser anexada ao caso do *Sequestro do Barroco*, todo um vibrante reexame dessa literatura entre portuguesa e baiana – mistura que não é feita para atrapalhar o ensaísta –, que a sociologia estética de Candido afastou. O critério é a qualidade da contrainformação gongórica. Oswald bate na tecla de que eram os jogos e os brincos do gongorismo que eram grande literatura, porque pediam uma "migração interior" e tinham "magia verbal", ao passo que as "tertúlias" do arcadismo eram sem espírito e o embalo amoroso do romantismo mineiro, "sensaborão". Marxista, ele abre o ensaio, sem dúvida o mais contundente, o mais irônico, o mais ácido do conjunto do sexto tomo, descrevendo a posição das Minas Gerais no quadro da economia portuguesa, ao longo do século XVIII. Nessa direção, dedica-se a notar como todo o fausto da metrópole lusitana, à época, que é a da corrida do ouro, estava na dependência da opressão fiscal exercida sobre a colônia, e como, dos meados do século XVIII para a frente, com o esgotamento da mineração, mal equipada e mal administrada, e a redução da arrecadação das contribuições, ascende-se no reino o "sonho da Derrama". As circunstâncias são agravadas pelo fato de Portugal, vencidas as lutas autonomistas contra a Espanha, cair sob a esfera de influência da Inglaterra imperialista, restando-lhe, a "vocação de cais". É nesse contexto do declínio luso, quando Portugal aperta o cerco ao Brasil, tratando de recuperar-se economicamente através de seus governadores meirinhos – escreve –, que se insinua a palavra camuflada dos poetas-pastores, imbuídos

---

3 O. de Andrade, *Os Condenados*, p. 42.

de tal pavor de ferir a ordem estabelecida que vão se ocultar sob aqueles "versos inócuos".

Na reconstituição de Oswald, é em meio a esse clima espiritual de "bocejo" que surgem os primeiros "espasmos românticos" dos futuros Inconfidentes". Na Universidade de Coimbra, haviam aprendido novas maneiras literárias, um bom gosto francês, um virtuosismo medido e, junto com isso, a desprezar Góngora, prossegue. Mais preocupados em libertar o Brasil do que com problemas de expressão, e apegados ao protocolo clássico francês, ou "francelho", não romperão significativamente com a insipidez da poesia pastoril, mas a continuarão, pelo menos na forma, caindo na "reverência fastidiosa da Arcádia", fazendo girar "a velha roda estética". Tirante a diferença das "doçuras amorosas" desses primeiros românticos que flertam com a "mocinha namorada", que assoma à janela de Vila Rica, os versos permanecem antigos. Marxista escolado em antropologias que complicam a retidão das relações entre a história e a cultura, ele não vê, como Candido, a época literária coincidindo com a época política, nem o quadro ideológico se transferindo forçosamente para o da literatura. Para ele, a escola mineira é a portadora da revolução, sim. Mas os poetas românticos são menos revolucionários por sua arte e mais pela sua insurreição. Daí, o ensaio terminar com frases debochadas como esta: "Os Inconfidentes indicaram às gerações vindouras do Brasil qual o papel do intelectual nas lutas pelo progresso humano." Ou esta outra, que é o fecho de ouro corrosivo do ensaio: "Os Inconfidentes são poetas a serviço do progresso humano e do futuro."[4] Já sabemos o que a antropofagia pensava do progresso da humanidade e do futuro. O interessante, aqui, é que Oswald surpreende o nacionalismo romântico em flagrante frequentação das artes forasteiras, para desacatar postumamente a *Formação*, com sua ideia de um jardim romântico caseiro, e ainda por cima mina o próprio progressismo exaltante do livro.

4 *Do Pau-Brasil à Antropofagia e às Utopias*, p. 33-70.

Não é de somenos importância notar que esse Oswald dos anos 1950 que assim pensa adianta uma visão do futuro *corpus* literário da *Formação* como literatura em falta com a literatura. Ele prepara, de algum modo, desde então, o argumento crucial de *O Sequestro do Barroco na Formação da Literatura Brasileira*.

Bom motivo para se tomar o livro de Haroldo de Campos com mais vagar.

Os Amigos da Intertextualidade e Derrida

Consagrado a uma reinterpretação da obra e do estatuto de um poeta de ascendência e maneiras lusas, nascido na Bahia, quando capital do Brasil e colônia iletrada, o volume viria a ser objeto da mesma resistência da parte das mesmas fileiras universitárias que visionam a maturação histórica das obras, ainda que, nesse caso, diferentemente manifestada. Pois em vez de rebatê-lo com a rude franqueza de um Romero, no Oitocentos brasileiro, ou com a virulência dos *sorbonnards* erguidos contra o *Sur Racine* de Barthes, no meio século XX francês, os opositores da nova crítica haroldiana lhe oporão uma espécie de pacto tácito de não menção. O concerto silencioso é tão mais bem-sucedido quanto os editores do pequeno – só no tamanho – tratado revisionista estão baseados na mesma Salvador do poeta, o que permite aos redutos literários do eixo Rio-São Paulo furtar-se às costumeiras recensões. Principalmente, não há reação de Candido, novamente polido e inclinado a não julgar. Pode-se conjecturar que é essa pedagogia que inclina todo o seu círculo de influência à indiferença. Ninguém concordará ou discordará da postulação de Haroldo de que Gregório de Matos não apenas tem lugar na história da literatura brasileira, que esse lugar foi "sequestrado", mas que é esse outro Boca do Inferno, e não Gonçalves Dias, José de Alencar ou qualquer outro nativista, o seu grande impulsionador. Na expressão de

Haroldo, é ele o "demiurgo retrospectivo", um igual de Homero que, podendo não ter existido historicamente, dá o primeiro impulso da literatura universal[5].

Além da citação cravada do título da obra de Candido no longo e meditativo enunciado que intitula o opúsculo, o abafamento desse estudo de caso explica-se ainda por um interessante desentendimento em torno da palavra "sequestro". De fato, ela é percebida como um grito de guerra na cordialidade. Soa tão mais gravemente inamistosa quanto o padrão demolidor do crítico-sociólogo, como vimos, é sempre temperado de vaivéns e imerso no duplo sentido, armando uma comédia ligeira. Na surdina, estima-se que "sequestro" seja um acinte ao mestre. Haroldo repete, desde sempre, que a empresta do Mário de Andrade freudiano, que, por sua vez, a emprega no contexto de sua psicologia amorosa, dando-lhe o sentido de recalque ou de negação inconsciente, a exemplo do que faz no ensaio chamado "O Sequestro da Dona Ausente"[6]. A notar que, dessa outra acepção, oferece testemunho eloquente já na apresentação dos motivos, uma obra tão uspiana quanto *Mário de Andrade Plural*, de Elisa Kossovitch, que começa assim: "O que seduz ou atiça o desejo é muito a suspensão, o sequestro, o não escrito na escritura marioandradina."[7]

O recalque em questão diz respeito a um poderoso inventor de formas da velha Salvador, um criador genial de sonetos amorosos perfeitos e sátiras maldosas de costumes, *à la* Oswald, a compor informalmente uma obra que escapa, em seu momento, a qualquer sistema organizado de edição e recepção, e só viria a ser recolhida e editada bem mais tarde no período romântico. Ao operar criticamente com outro critério que não os critérios editorias e midiáticos, que são os manejados por Candido, Haroldo simplesmente vai repor essa produção *renegada*

---

5 *O Sequestro do Barroco na Formação da Literatura Brasileira*, p. 21.
6 M. de Andrade, O Sequestro da Dona Ausente, *Atlântico*, n. 3, p. 9-14.
7 *Mário de Andrade Plural*, p. 17.

na narrativa da história da literatura brasileira que a *Formação* quer contar.

Para essa reconsideração, o *Sequestro* mobilizará duas operações principais de contestação metodológica.

Num primeiro momento, convocará Jacques Derrida para acusar uma visada substancialista da origem: "Se há um problema instante e insistente na historiografia literária brasileira, esse problema é a 'questão da origem'", diz a nota introdutória, encimada por esta exclamação de Nietszche: "Todo o respeito por vossas opiniões! Mas pequenas ações divergentes valem mais." E continua:

Nesse sentido é que se pode dizer, como eu o fiz em "Da Razão Antropofágica", que estamos diante de um episódio da metafísica ocidental da presença, transferido para as nossas latitudes tropicais. Um capítulo a apendicitar ao logocentrismo platonizante que Derrida, na *Gramatologia*, submeteu a uma lúcida e reveladora análise.[8]

Isso põe em causa o pressuposto de um processo evolutivo linear na literatura brasileira, que, segundo Haroldo, a enclausura num começo discutível, já pela concepção fechada da história com que as genealogias literárias jogam. Mas ele vai ainda a Borges para cercar essa busca da primeira causa da ironia dos pensadores do eterno retorno que descreem do justo começo, entre os quais está o próprio Nietzsche, para dar a Gregório de Matos a dianteira no deslanche de nossa literatura, vendo-o "sobre-existir" em perspectiva estética, para além de quaisquer relativizações de sua existência em perspectiva histórica. Como bom desconstrucionista, destitui assim a "presença" de valor existencial, para depositá-la na "pregnância poética"[9].

Num segundo momento, convocará Jakobson e sua teoria tão concisa quanto elegante das funções da linguagem, que põe a poeticidade fora das intenções comunicativas das mensagens comuns, dando-lhe o alvo não

8 H. de Campos, op. cit., p. 19.
9 Ibidem, p. 21.

utilitário de checagem da forma, em meio a um intrincado feixe de ações locutórias, envolvendo o remetente, o destinatário, o código, o meio fático da transmissão ou contato, a referência ou realidade exterior e a própria mensagem tomada em si. Nessa articulação, que ao mesmo tempo isola e entrelaça as diferentes execuções, a função poética reverte ao modo de expressão, ou à configuração material do texto, daí confundir-se com a função metalinguística. O *degradé* jakobsoniano arma teoricamente Haroldo não apenas para defender a intransitividade dos discursos poéticos, inclusive sua volta *metacrítica* sobre si mesmos, mas para projetar todo o mecanismo da *Formação* nas funções mais comezinhas, se vistas do ângulo artístico, que se voltam ao bom endereçamento dos conteúdos, em face das instâncias do receptor e do mundo real. Encontrando novo jeito de voltar ao ponto das poéticas não performativas, ao subtraí-las assim aos desígnios das conversas ordinárias, Haroldo sublinha também, desta feita, o corte entre a palavras e as coisas, ponto nevrálgico das linguísticas gerais, como a jakobsoniana, a que se ligam as novas críticas e, forçosamente, a razão do *nonsense* das poesias *menos*. Mais que isso, mune-se de recursos técnicos refinados para contra-argumentar que a atribuição de um papel decisivo à circulação da nova mensagem romântica, atribuído por Candido à sua capacidade de propagar-se dos livros comercializados até o leitor, faz a literatura recair num de seus aspectos mais relativos, no momento mesmo em que toma esse aspecto por universal[10]. Não é do que está falando Oswald, à sua maneira malcriada, quando reduz a importância dos primeiros românticos à sua capacidade de pregação, escrevendo que "Os Inconfidentes são poetas a serviço do progresso humano e do futuro"?[11]

---

10 Ibidem, p. 33.
11 *Do Pau-Brasil à Antropofagia e às Utopias*, p. 70.

Em *A Sátira e o Engenho*, que resulta de uma tese de doutorado defendida na USP, em 1988, no mesmo momento em que Haroldo reúne suas anotações para o *Sequestro*, cuja primeira edição é do ano seguinte, João Adolfo Hansen toma rumo bem diverso daquele de Oswald e Haroldo, no que respeita à liberdade de invenção de Gregório de Matos, vendo-a tolhida pelas rígidas prescrições retóricas a que o barroco estava submetido, no Seiscentos baiano. Além disso, minimiza o alcance de sua sátira, quando entendida fora de situação, em outro mundo brasileiro, dois lustros depois. Não bastasse, problematiza-lhe ainda a autoria, falando cautelosamente em "poemas atribuídos", rigorosamente amparado no mesmo argumento de Candido: o caráter oral e disperso de uma produção que começou circulando de boca em boca, na Bahia do século XVII, e acabou registrada em códices só ulteriormente tratados[12].

Comparem-se essas precauções com aquelas em sentido inverso que Oswald prefere tomar, não para a verificação da ausência, mas, na mesma linha de Haroldo, para a verificação irônica da presença de Homero, malgrado a ausência do certificado de batismo, e sublinhar que até mesmo as mais consagradas autorias podem ser desestabelecidas, sem que por isso tenhamos que desentronizar os autores. Em *A Arcádia e os Inconfidentes*, Oswald menciona, nesse sentido, apócrifos de Camões que embaraçam desde sempre o esclarecimento de parte de sua poesia. Assinala também a névoa em que está envolta, desde sempre, certa parte da obra de Tomás Antonio Gonzaga. A respeito de Gonzaga, nota que as *Liras* de Dirceu saem pela primeira vez em Lisboa, em 1792, como fruto de uma exploração editorial que acontece em plena desgraça do autor, no degredo de Moçambique, e à sua revelia. Segue observando que se trata de um estabelecimento em três partes, de autenticidade problemática, a lançar dúvidas não apenas sobre edições portuguesas ulteriores, mas sobre

---

12 J.A. Hansen, *A Sátira e o Engenho*, p. 19.

a edição brasileira pela Imprensa Régia, de 1810, com o poeta já falecido, em vista da possível "mistificação" que intervém na segunda parte, em que poemas de tom "vil e adulão" desmoralizam a Inconfidência. Há outras tantas notas suas envolvendo a cronologia dos versos transidos do pastor de ovelhas que anseia por Marília, mas escreve na África, onde já encontrou uma viúva rica a seu gosto. "De que modo Gonzaga, no cárcere e na desgraça, impediria a intromissão, interessada ou não, de alguém nas suas *Liras*?", pergunta-se[13]. O *Sequestro* tem o espírito dessas relativizações.

Comemorados como o desmascaramento final de Haroldo, nenhum dos argumentos do professor Hansen, muito citados pelos incomodados do *Sequestro*, é feito para constranger quem dispense provas de realidade, lendo a história transversalmente, supondo a apropriação dos textos pelos textos, vendo a língua de Gregório de Matos percorrer a de Oswald. Os amigos desconstrucionistas dos concretos dirão que o poeta que se alimenta de um outro poeta é um "parasita", do grego *parasitos*, que no sentido forte da palavra é aquele se encontra ao lado, na mesa, a partilhar a refeição, antes que se torne aquele invasor que vem roubar a comida, sem nada dar em troca. A palavra "parasita" associa *para* e *sitos*, radical este último que significa "grão", "cereal" e, metonimicamente, "pão", "alimento". O prefixo *para*-, que significa "ao lado", estabelece a contiguidade entre os comensais parasitários. Nesse sentido, o poeta que se nutre de um outro poeta não é apenas um "hóspede", como Schwarz pensa de Augusto, e Candido, de Gregório de Matos, por recepcionarem estrangeiros, mas um "hospedeiro", duplicidade inscrita em *host*, do inglês antigo *oste* e do latim *hostia*, que têm duplo sentido: invasor e convidado. Também em português "hospedar" é receber e dar hospedagem. Associando-a ao corpo do poeta e do próprio crítico – que também vive de um

---

13 O. de Andrade, *Do Pau-Brasil à Antropofagia e às Utopias*, p. 66-67.

texto e o reanima –, Hillis Miller chama o lugar simbólico assim transformado em "hotel", pela força da "hospitalidade" (outras palavras da mesma raiz), de território "neutro". A propósito, lembra que *host* e *guest* remontam à mesma raiz etimológica *ghos-ti*, significando, a um só tempo, quem recebe e quem visita, o anfitrião e o estranho, ambos igualmente envolvidos em "obrigações recíprocas de hospitalidade"[14]. A lição do grego *philos* vai no mesmo sentido. Aliás, somos lembrados pelos bons dicionários etimológicos que Homero chama repetidamente o hóspede de *philos*. Trajano Vieira vai ao ponto, em sua apresentação da tradução da *Ilíada* por Haroldo de Campos. Recupera a chegada de Ulisses a Ítaca, transformado em ancião e aparentando ser um mendigo, para notar que ele é recebido e alimentado, antes que lhe façam qualquer pergunta, que nas epopeias homéricas *philein* significa muitas vezes "hospedar", e que a palavra aparece muitas vezes relacionada a *ksénos*, estrangeiro[15].

A literatura segundo Oswald é sempre a oracular, vem do fundo do tempo, reavivar sua *arché*. A julgar pelas novas histórias vertiginosas e sincrônicas das ressurgências, que estão agora mesmo, diante de nossos olhos, tomando o passado como contemporâneo, o que a Semana tem ainda de instigante, se revisitada com Oswald, é também a atualidade da mirada transtemporal, que os gabinetes marxistas trocaram pela visão do progresso. É do que trata a antropofagia. Como diz o *Manifesto Antropófago*: "Contra a Memória fonte do costume. A experiência pessoal renovada."[16]

---

14 *A Ética da Leitura*, p. 53.
15 T. Vieira, Introdução, em H. de Campos, *Ilíada de Homero*, v. 1, p. 17.
16 O. de Andrade, Manifesto Antropófago, em J. Schwartz, op. cit., p. 146.

5. ENTREVISTA IMPROVÁVEL

> *Quando é preciso louvar um homem a todo custo, o jornal entrega a tarefa a um incensador.*
>
> HONORÉ DE BALZAC, *Os Jornalistas*.

1. *Em sua opinião, a obra de Candido ombreia em importância com a de outros intérpretes do Brasil da mesma geração, como Sérgio Buarque de Holanda, Gilberto Freyre, Caio Prado Jr., Celso Furtado? Qual seria a contribuição singular de Candido nesse conjunto?*

Sim, claro. Candido envolve a literatura nessas interpretações clássicas, vê-nos avançar literariamente junto com o país e, assim fazendo, torna-se um dos pensadores de nossa formação. Não é pouca coisa. Mas as coisas não são tão simples. Nesse rol, Sérgio Buarque de Holanda introduz uma diferença interessante. Como se sabe, como pensador do Brasil, além de ter um pé na Semana de Arte

Moderna, por assim dizer, como observador carioca, ele tem um belo passado de crítico literário, com toda uma obra recolhida nessa área, em que entram dois volumes de ensaios coordenados por Antonio Arnon Prado, sob o título *O Espírito e a Letra*, e todo um volume organizado pelo próprio Candido, sob o título *Capítulos de Literatura Colonial*, este segundo com incursões ao arcadismo e ao romantismo bem diversas daquelas que encontramos na *Formação da Literatura Brasileira*, principalmente pela erudição poética envolvida, mas também pelo que eu chamaria a consideração do "significante", ou seja, da "letra". Antes de pensar o Brasil, Sérgio Buarque de Holanda estava pensando a literatura brasileira. E me parece que isso termina definindo valores. Tanto assim que muito das ideias de Sérgio sobre o mito americano envolve agudas análises sígnicas, desenvolvimentos em torno do subentendido das palavras e dos discursos, de que eu digo, em outra parte, que têm a índole das mitologias de Barthes, quando chamam a atenção para o *rumor da língua*. Então, repetindo, encontramos em Sérgio a afirmação de uma certa razão linguística. Isso inverte a trajetória e o método de Candido. Não esqueçamos que, numa fase mais tardia, um dos livros mais importantes de Candido, por recolher os ensaios sobre o naturalismo brasileiro que introduzem a nomenclatura conceitual "dialética da malandragem", vai abrigar-se sob o título *O Discurso e a Cidade*. Não o espírito e a letra, o discurso e a cidade. O valor em Candido é a cidade, a coisa "pende" para esse lado. Voltando à relação de nomes da pergunta, excetuando-se o autor de *Raízes do Brasil*, nenhum dos demais autores dessa relação tinha por objeto precípuo a linguagem, a arte da palavra, o mundo dos signos, a letra. Assim, acho que podemos pensar – e alguns pensam – que de Candido seria de se esperar que visse a janela mais que a paisagem, os meios mais que o meio. Noutras palavras, que essa companhia, sem dúvida ilustre, não fosse a sua companhia principal. Pessoalmente, acho que colocar Candido nessa companhia equivale a pensar de um Valéry, por exemplo, que deu a ver a França e os franceses, e a situá-lo, por exemplo, ao lado de um Émile Durkheim. Críticos fazem existir autores, literaturas, movimentações estéticas, autorias de risco. Valéry não pode ser evocado sem que pensemos imediatamente em Mallarmé, a cujo enigma ele deu sentido. Tampouco pode ser pensado sem que se tenha que lembrar, imediatamente que um título seu – *Tel Quel* – deu nome a uma escola de novos críticos literários franceses e a uma das mais importantes revistas literárias do século xx francês. Por sua vez, Roland Barthes não pode ser evocado sem que pensemos imediatamente no *nouveau roman* francês e na maneira como *O Grau Zero da Escritura* fez existir Camus e Robbe-Grillet, para os quais foi cunhado o conceito de "grau zero". Mas inutilmente buscaremos saber que poeta Candido fez existir, mesmo que concordemos que ele recepcionou Clarice Lispector e Orides Fontela, em resenhas simpáticas. Ao passo que, dada justamente a sua visão da situação brasileira, sabemos que poeta... ele não fez existir. A saber, este avulso do sistema: Gregório de Matos. Outra maneira de dizer isso é notar que houve muito mais referências à sociologia, quando de sua morte, que à crítica de literatura. Que, por ironia, evocar o nosso mais importante crítico literário é muito mais evocar o intérprete do Brasil que o intérprete de tal poeta.

2. Qual seria a seu ver a grande marca conceitual da obra crítica de Antonio Candido? O conceito de sistema literário? Ou a ideia de uma crítica integradora e dialética, que entende a obra literária como uma construção complexa, expressão pessoal em tensão com as condicionantes do processo histórico?

O que de melhor se atribui a Antonio Candido, certamente, não é o esquema dos "momentos decisivos" nem a série autor-obra-público. Mais adiante da *Formação da Literatura Brasileira* e de *Literatura e Sociedade*, é o apontamento de um nexo entre forma social e forma literária, em dois textos que se convencionou chamar "seminais", os ensaios "Dialética da Malandragem" e "De Cortiço a Cortiço", escritos entre os decênios de 1970 e 1990, e recolhidos na coletânea *O Discurso e a Cidade*, organizada nos anos 1990, em que dedica a Manuel Antonio de Almeida e a Aluísio Azevedo um tratamento considerado exemplar. De fato, mesmo sabendo que esses romances assumem dívidas para com modelos estrangeiros, como sói acontecer na literatura brasileira da época, o que deveria pô-los sob a suspeita de serem postiços em nossa cultura, Candido vem a campo dizer que, escrevendo sob o "estímulo direto" da situação brasileira, ambos encontraram jeito de plasmar uma configuração social, de corresponderem estruturalmente a essa configuração, de alcançarem o sentimento da realidade. Muito temos ouvido dizer que já não há mais aí simples declinação sociológica, que a literatura ganhou aí relevo, nessa correlação mais complicada, nessa leitura de síntese dialética, que elabora uma noção materialista da forma literária. Ora, até onde eu chego, o que temos aí é o *estruturalismo* marxista, a formulação marxista das relações entre a infraestrutura e a superestrutura. Na verdade, foi a sociologia que se refinou, do que dá testemunho essa formulação elegante, "o discurso e a cidade", menos positiva que "literatura e sociedade", mas que, na prática, concerne aos escritores de temática social e expulsa os *não sociais* da cidade, como em Platão se descartam os poetas delirantes. Além disso, trata-se de elegância em tudo semelhante àquela que já se praticava na França, desde os anos 1950, numa obra formidável como *Le Dieu caché* (O Deus Escondido), de Lucien Goldmann, que realiza precisamente o mesmo vaivém entre texto e contexto, articulando a tragédia de Racine e o tempo da centralização do poder real, no Seiscentos francês, a cuja corte pertenceu o poeta. Goldmann foi, em seu tempo, um crítico-sociólogo tão inescapável que Julia Kristeva fez com ele o doutorado e Barthes o distinguiu da velha guarda em *Crítica e Verdade*. Curiosamente, não se cogita sobre as relações de Candido com esse modelo sociológico refinado, também de impacto sobre nós. Ele não desmerece o Candido da melhor fase, assim como Zola não desmerece Aluísio Azevedo, nem Edgar Poe, Baudelaire. Nem precisamos ver aí um arbusto de segunda ordem. Bem por isso, a familiaridade dessas críticas não tinha que ser ignorada, para que tudo terminasse se passando como se a crítica dialética produzida *in loco* fosse algo assim como a revelação na estrada de Damasco.

3. *A seu ver, o conceito de sistema literário ainda é fértil para pensar a literatura brasileira ou ficou circunscrito aos propósitos da análise desenvolvida na* Formação da Literatura Brasileira?

Com todo o respeito, eu prefiro ousar pensar que o conceito de sistema literário apresentado na *Formação da Literatura Brasileira* foi mais pedagógico do que fértil. Diria que se tornou lição incutida, a própria *doxa* escolar, positivando noções e oferecendo às graduações em Letras uma história da literatura brasileira certa de seus começos e fins. Como percebe Luis Augusto Fischer, voz isolada num dos dossiês preparados recentemente pelos segundos cadernos, quando da morte de Candido, com esse modelo, montou-se toda a história da literatura brasileira de modo a fazê-la desaguar no modernismo paulista, que seria a verdadeira culminância do processo evolutivo ali previsto, no momento em que, de fato, passamos a ter autores, obras e leitores encadeados, em corrente comunicativa. Não se trata só da *Formação* e sua história processual. De modo mais geral, acho que podemos pensar que a ideia de que a literatura é sua circunstância, de que conferir legibilidade a uma obra é pô-la em situação, ideia central em Candido, perdeu força explicativa, junto com as prevenções *gauchistas* que por tanto tempo foram nosso *habitus* mental. Passamos a desconfiar seriamente, desde há pouco, graças aos aportes veementes de certas críticas voltadas aos anais, aos arquivos abertos, às ressurgências, que as artes violam determinações, não nascem nunca, mas recomeçam, a cada volta. Essas outras ideias nos vêm de excelentes críticos-escritores sincronistas, cada vez mais dispostos a sustentar anacronismos fascinantes, como foi, um dia, a evocação *Noigandres*. No mundo da crítica de artes, um desses críticos é o francês Didi-Huberman, não por acaso um cultor de Barthes. E antes que se fale em modismo – ressalve-se que sua obra é monumental demais para ser reduzida a uma voga.

4. *Em comparação com a contribuição crítica do grupo de autores concretistas, ligados à revista* Noigandres, *a reflexão de Candido ainda peca, a seu ver, por uma visão excessivamente sociologizante do fenômeno literário? Como você afirma em seu livro* Sobre a Crítica Literária Brasileira no Último Meio Século, *o termo "clima", que deu nome à revista do grupo formado por Candido, Decio e Paulo Emílio, trai essa inclinação determinista? Ela perdura mesmo em estudos posteriores do crítico?*

Toda essa minha pesquisa expandiu-se, recentemente, para outros estudos, devidamente subvencionados, em torno das relações entre as novas críticas de Haroldo de Campos e de Roland Barthes, relações sobre as quais tenho escrito livros e publicado artigos em periódicos estrangeiros como a *Revista Portuguesa de História do Livro* e a *Revue Barthes*. E sim, quanto mais eu avanço, mais me inclino a pensar que, mesmo tendo sido refinada, na fase da crítica dialética, a sociologia está na orientação nacional e ideológica do paradigma candidiano. Tanto assim que seu melhor legado, como todos sabemos, são as "ideias fora do lugar", conceito cuja referência social está dada no próprio significante "lugar". A corrente *Noigandres* não faz acepção de período ao assinalar, não somente a propósito de Gregório de Matos, que Candido põe a literatura a reboque do tempo e do espaço. Nem um observador dos fatos tão imprevisto quanto Ruy Fausto, que diz isso literalmente em seu *A Esquerda Difícil*. Nem um outro observador, este de fora, como o crítico português Abel Barros Baptista, que é leitor do mesmo Derrida de que Haroldo de Campos é acusado de ser leitor – "os amigos da intertextualidade e de Derrida, como se ironiza amiúde ..." –, e que há alguns anos escrevia sobre Candido na *Folha de S.Paulo*. Ele estranhava então que Candido tenha podido estimar a literatura portuguesa, junto com a brasileira, uma literatura de "segunda ordem", e punha esse escrutínio justamente na conta da concepção de que as literaturas são representações de experiências locais. Eu me valho da menção a Barthes para pôr a questão nos termos em que o próprio Barthes a pôs, no momento de sua grande briga com os saberes historiográficos mandarinais da Sorbonne, origem da *nouvelle critique*. Diz Barthes que existem dois tipos de críticos, os críticos positivistas que entendem os autores em suas épocas e os críticos do sentido, que leem linguagem. Para ele, Maurice Blanchot está entre os segundos. Não é só isso que me anima a pensar que eu talvez esteja no bom caminho. Mas também ter encontrado recentemente em *Folie Baudelaire*, de Roberto Calasso, que a sociologia é uma "triste ciência", que impediu Sainte-Beuve de reconhecer Baudelaire, também ausente de seu sistema.

5. *A seu ver, as revistas* Clima *e* Noigandres *lançariam as bases para duas correntes de pensamento, tendo Candido e Schwarz de um lado e Haroldo e Augusto de Campos de outro. Quais seriam, a seu ver, os continuadores da obra de Candido? Para além dos nomes mais reconhecidos e próximos de Candido, como Roberto Schwarz e Davi Arrigucci, quais outros pesquisadores ou críticos poderiam ser apontados como discípulos ou continuadores de suas reflexões? É possível ver, também do outro lado, continuadores da linha de reflexão?*

Eu retomei agora mesmo essa partilha, na reapresentação de uma edição revista e aumentada do meu livro *Sobre a Crítica Literária Brasileira no Último Meio Século*, tomando o cuidado de lembrar que me interessam, desde sempre, as lógicas metodológicas das duas correntes, seja pela envergadura das produções, seja porque são sustentadas acaloradamente e em contraponto, praticamente ao mesmo tempo, a partir de diferentes redutos, inclusive universitários, de onde se disseminam pelo país, através das pós-graduações paulistanas. Nessa reapresentação, voltei a sublinhar seu diferencial, anotando que uns trabalham com as razões do tempo e do lugar, outros, com perspectivas de entrecruzamento, de penetração horizontal dos textos. Essas notas terminam com referências a um novo quadro dos acontecimentos, no interior do qual podemos ver recuar o prestígio moral das teses socialmente empenhadas que, um dia, nos fizeram tomar os formalistas por sujeitos inócuos e o formalismo, por palavrão. Assim, por exemplo, hoje em dia, edita-se, traduz-se, comenta-se Mallarmé no Instituto de Estudos da Linguagem da Unicamp, de onde nos veio, mais ou menos recentemente, um estabelecimento de certa prosa mallarmeana que, não obstante fundadora da modernidade literária, aqui não chegava, antes, porque tínhamos sido alertados para os perigos da poesia pura, pelo mesmo IEL. Entra aí o ensaio *Crise de Verso*, assunto de uma tese de doutorado, e depois de um livro, reunindo os esforços conjugados de um doutorando, Fernando Scheibe, de um orientador, Joaquim Brasil Fontes, e de um crítico-poeta que responde por um dos posfácios, Marcos Siscar, todos do IEL. É só um exemplo. Numa outra ordem de considerações, uma outra ponderação é que, no seio das novas gerações, também já não vogam mais, como antes, os grandes critérios de autoridade, aqueles mesmos que nos impeliam a escolher entre o Butantã e as Perdizes, como tenho chamado os dois redutos críticos de que estamos falando. Então, já não há mais seguidores como antigamente. Trabalha-se com mais liberdade, sem que se tenha que ser o gestionário de uma herança, como os surrealistas o foram da herança de Breton. Nesse sentido, diria que estamos mais "dadá".

6. *Por outro lado, quais seriam as alternativas a essa linhagem dominante na Universidade de São Paulo e quais seriam seus principais representantes? Em seu livro, você menciona alguns nomes, como Leyla Perrone-Moisés, Silviano Santiago. Ainda é possível ver correntes ou afluentes dos pensamentos dominantes na geração de Candido ou vivemos um outro momento na crítica? A querela nacional versus universal, como você aponta em* Sobre a Crítica Literária Brasileira no Último Meio Século, *continua sendo aquela que nos representa?*

O que eu acabo de dizer vale para essa outra pergunta. Mas sempre é possível acrescentar, dado o tamanho de Borges, que uma das mais elevadas alternativas à dominância da tese da literatura e sociedade parece ser aquela que Borges nos oferece em seu ensaio "O Escritor Argentino e a Tradição", presente em *Discussão*. Aí, ele ironiza as literaturas tidas como representativas da cor local e escreve que não representam tanto o país quanto sua própria versão do país. O passo seguinte é defender o poeta Enrique Banchs, que fala de rouxinóis nos telhados de Buenos Aires, quando não há rouxinóis nas paragens portenhas, propondo que o rouxinol não é daqui ou dali, mas "um pássaro da literatura". A notar que Sérgio Buarque de Holanda referenda sutilmente esse Borges, em *Visão do Paraíso*, escrevendo, por sua vez, que não faltam descrições febris do rouxinol canoro pelos conquistadores, que o encantamento do contemplador apela à convenção literária e que isso acontece porque toda uma geografia fantástica vem afetar esses cantos, fazendo com que não pareçam absurdos.

7. *Alguma outra consideração sobre Antonio Candido e sua obra?*

Eu queria terminar repetindo o que venho dizendo desde 2002, quando saiu *Sobre a Crítica Literária Brasileira no Último Meio Século*. Se é certo que as diferenças entre as duas linhas críticas redundaram, no passado, e ainda podem redundar, no presente, em confrontos estéticos ruidosos, providenciando, como já se notou, uma *gentil arte de fazer inimigos*, é igualmente certo que a parte de confrontação que cabe, nessa história, a Antonio Candido, e é aquela que desponta no opúsculo de Haroldo de Campos intitulado *O Sequestro do Barroco na Formação da Literatura Brasileira*, é cortês e sem alarde. De fato, trata-se de uma desconstrução linguística, *à la* Derrida, da nomenclatura do livro de Candido citado no título. Não se presta nenhuma atenção ao fato, mas o fato é que, com compostura de *scholar*, Haroldo toma a palavra "sequestro" no sentido de "recalque" ou "apagamento", emprestando a palavra de Mario de Andrade, e justifica sua incursão dizendo que homenagear verdadeiramente a obra de Candido é cessar de oferecer-lhe uma recepção "encomiástica" e dedicar-lhe uma discussão "que lhe corresponda à instigação".

6. EM APÊNDICE: CLIMAS

> *Emana da análise de um mau filme brasileiro a alegria de um entendimento que a arte de um Bergman, por exemplo, não proporciona a um espectador brasileiro.*
>
> PAULO EMÍLIO SALLES GOMES,
> *Cinema: Trajetória no Subdesenvolvimento.*

Nada no Brasil, em esfera culta, seria verdadeiramente próprio. Ou porque, diriam uns, batendo na tecla da posição colonial, tudo nos é, desde sempre, estranho, destituídos de cultura original que somos. Ou porque, diriam outros, ponderando que o *infans é* o que não fala e que, retardatários da cultura ocidental, nunca fomos crianças, dominamos de saída o código sofisticado europeu, nascemos falando barroco. São duas maneiras de se lidar com o mesmo enquanto duplo, uma delas nostálgica do centro e da unidade e da totalidade, a outra, fixada na divisa moderna do *je est un autre*.

Das mais interessantes para a prosperidade da crítica na "periferia" – como diriam uns –, porque mobiliza diferentes "funções" da literatura – como diriam outros –, a história dessa controvérsia, que passa pelas nomenclaturas em uso, e talvez se ache ainda em boa medida por escrever, não são estranhas a duas revistas que, por assim dizer, se estranham.

São elas *Clima* e *Noigandres*, publicações de vida relativamente breve, considerando-se a fortuna, século XX adentro, das correntes críticas que anunciam, de saída, programadas no léxico dos títulos, em que vibram palavras, sendo uma vernácula e a outra de fora de casa, que por si só resumem notas reflexivas sobre o Brasil a que se endereçam. De fato, uma delas é histórico-evolutiva, sensível à ideia de "formação", que nos assombra desde sempre e em diferentes planos teóricos, enquanto a outra é trans-histórica, preferindo a formação, transformação, e problematizando nesse sentido o pressuposto da "origem original" inerente à primeira. De um lado, os pés no chão, a atenção voltada para as condições ambientes, ou o lugar, ou o meio, em acepção social que a palavra "clima", nesse caso, supõe, os teóricos do transplante cultural, às voltas com o "arbusto de segunda ordem no jardim das musas", que é o que seria nossa literatura. De outro, desterritoriais, e chamando a atenção para o tipo de bateria metafórica naturalizante da outra, os definidores da literatura como o lugar simbólico do desenrolar do grande poema universal que seria a literatura, sempre em processo ou reprocesso, daí *noigandres*, apelo propositalmente enigmático a uma palavra problemática do *corpus* escrito da poesia trovadoresca, matriz da lírica amorosa ocidental.

Lançada em São Paulo, sob o Estado Novo e em plena Segunda Guerra Mundial, em maio de 1941, com circulação até 1944, a revista *Clima* é um dos resultados práticos da ação, em terreno cultural, dos letrados *publishers* do jornal *O Estado de S. Paulo*, que a patrocinam, garantindo-lhe maior projeção que a inicialmente sonhada pelo grupo de então rapazes e moças – Antonio Candido, Gilda de Moraes Rocha (futura Mello e Souza), Lourdes Machado, Paulo Emílio Salles Gomes, Lourival Gomes Machado, Décio de Almeida Prado, Antonio Branco Lefèvre, Marcelo Damy de Sousa Santos, para só se mencionar o escalão principal –, que procura Alfredo Mesquita e o convence da seriedade de sua inclinação teórica e do interesse do futuro famoso periódico. Trata-se de uma geração anos 1940 bem armada de conhecimentos não apenas no campo da literatura, mas do teatro, do cinema, da música, da sociologia e da ciência, que se dispõe, conforme anuncia um manifesto dos redatores no primeiro número – por todos endossado, mas redigido pelo diretor do jornal, como esclareceria mais tarde Antonio Candido, em *Teresina Etc.* –, a agitar ideias na ex-província que, um dia, a Semana de Arte Moderna havia sacudido, e era agora um mundo "um tanto sonolento e inativo", como também verificaria Candido *a posteriori*[1]. O fim e o programa da revista, lemos nesse primeiro editorial, é "criar aqui, na ex-província paulistana, e irradiar daqui um clima de curiosidade, de interesse e de ventilação intelectual".

Dessa operação de arejamento sairiam resultados que vão de nosso primeiro enfretamento de Proust, por Ruy Coelho, apresentador do escritor no primeiro número da revista, e das primeiras intervenções de Antonio Candido na imprensa local, inclusive sobre a Semana e seus artífices, a uma releitura de *Macunaíma* por Gilda de Mello e Souza, no volume "O Tupi e o Alaúde", passando por um contemplação do objeto cinema, que se deve a uma primeira estada de Paulo Emílio na França, em fuga do varguismo, que o levaria a Jean Vigo, mestre da *nouvelle vague*.

Curiosamente, no entanto, esse primeiro manifesto dos responsáveis, todos imbuídos de vocação crítica, que

---

[1] Clima, *Teresina Etc.*, p. 154.

se credenciam frente a seus leitores como pesquisadores desejosos de participação, dispostos a sacudir a cultura ambiente com sua "mocidade de espírito", difunde certo embaraço, feito para desdizer o valor jovem, sobre o qual se insiste. De fato, severo com o presente estagnado, o grupo nada tem de rebelde, como seria de se esperar de sua juventude. Bem ao contrário, usa-se em "Clima" de respeito com a tradição, próxima e distante. A Alfredo Bosi intriga, justamente, que a reconstituição da experiência brasileira aí empreendida explore respeitosamente, ainda que, ressalva ele, desenvoltamente, as imagens do passado, no que tende a ver um "aproveitamento moderno" da tradição, ponderando que "resistir à insolência do novo também é um modo de ser moderno"[2]. Ao passo que tal reverência a velhos valores ensejará a Haroldo de Campos dizer: são antes "noviços" do que "novos"[3].

Penhor do mérito desses egressos da universidade paulista recém-criada, muitos dos quais ali seriam professores, na antiga Faculdade de Filosofia, Ciências e Letras e na futura Faculdade de Filosofia, Letras e Ciências Humanas, a carta de princípios renovadora redunda, com efeito, segundo avança a exposição de motivos na edição "princeps", em manifestações de apego a referências de autoridade. Assim, quem ler o manifesto do primeiro número não deixará de notar que ele invoca sem hesitação certo *establishment*. O grupo de amigos – cuja movimentação Heloisa Pontes estudou em *Destinos Mistos: O Grupo Clima em São Paulo*, associando-o ao grupo de Bloomsbury, em vista de uma socialidade e de formas de autorrepresentação em comum, que incluem o pertencimento institucional – à USP para o primeiro, e à Universidade de Cambridge para o segundo[4] –, desponta confiante e, ao mesmo tempo, temeroso de si, o que não diríamos dos companheiros derrubadores de Virginia Woolf. É o que o

2 Arguição a Paulo Emílio, em *Céu, Inferno*, 1988.
3 Depoimento concedido à autora em janeiro de 1996.
4 H. Pontes, *Destinos Mistos*, p. 17.

leva a buscar o "apoio moral" e o "apoio material" do *top set* da cultura, dessa gente "carregada de mitologia", com que é possível "se acotovelavar" no centro da cidade, gente "consagrada, mas boa", que merece "acatamento", como reconhece ainda Candido[5]. E é o que também explica que, para o número de estreia, se conceba a participação de um dos mestres franceses da USP, *monsieur* Jean Gagé, convidado a inserir ali a transcrição de uma sua conferência sobre as origens do romantismo, escola já assim em destaque prévio no seio dessa família de espíritos, antes que Candido venha a lhe atribuir a importância formativa central que sabemos. Nada se consuma, por outro lado, sem a solicitação do aval de Mário de Andrade. Um Mário nessa altura crepuscular, como mostram os despachos cada vez mais melancólicos de sua correspondência final, que, nas palavras dos editorialistas do primeiro número, "gentilmente [os] atendeu e encorajou". Mas que não responde ao chamado sem fazer consignar seu estado de ânimo relativamente a novos projetos, confessando: "poucas vezes me vi tão indeciso como neste momento em que uma revista de moços me pede para iniciar nela a colaboração de veteranos".

A apresentação de Gagé, por um contratempo, termina por não sair. Resta o beneplácito do *magister dixit* mariano, acusado no *coup d'envoi* de Alfredo Mesquita:

Se pedimos a Mário de Andrade que se incumbisse de uma das apresentações, foi que seu nome nos pareceu, por diversas razões, o mais indicado para tal fim. *Clima* é uma revista de gente nova e desconhecida, gente que poderia parecer por demais ousada apresentando-se a si mesma e que, a seu próprio ver, precisava de uma apresentação feita por pessoa de reconhecida autoridade. Ninguém mais que Mário de Andrade estava nessas condições.

Ora, não muito distantes no tempo, as primeiras intervenções do grupo *Noigandres*, a partir de 1950, ano em

---

5 Op. cit., p. 159.

que Haroldo de Campos e Décio Pignatari estreiam em livro, sob a chancela do Clube de Poesia – domínio paulista da geração de 1945, a que Augusto de Campos já terá escapado no ano seguinte –, são feitas para sobressaltar não apenas a influência do último Mário de Andrade sobre nossa primeira geração de críticos universitários, mas os modos comportados daqueles discípulos do Mário da batida-em-retirada, a que Oswald de Andrade aplicaria o apelido de "chato boys". No calor da hora, nem o estreante poeta de *O Carrossel*, Décio, nem o autor do *Auto do Possesso*, Haroldo de Campos, têm muita consciência desse fato, como também haveriam de admitir *après coup*[6].

Como consigna o mesmo Haroldo, é Sérgio Buarque de Holanda, refinado equidistante resenhista que frequenta o Brasil e o mundo estrangeiro, quem sabe reconhecer nessa outra proposta não apenas um verdadeiro embrião de ruptura – segundo o próprio Sérgio, mais marcante em Décio Pignatari –, mas também o horizonte mallarmeano de Haroldo. Sergio reconhece, ainda, na literatura de Haroldo, certa presença de Stefan George, modernista alemão cultor de Mallarmé, que então se desconhece completamente por aqui, enquanto o próprio Mallarmé nos é apresentado por Mário, aqui e ali, mas mais demoradamente em *A Escrava Que Não É Isaura*, como um bom poeta da analogia, mas sem lirismo nem sentimento[7], no fim das contas, um desses formalistas aristocratas e inócuos que ele mesmo foi um dia e de quem passou a desconfiar, na idade da razão.

Demarcados já assim, em termos de seleção do cânone dos valores poéticos de *Clima*, os *Noigandres* tomam ainda distância do projeto intelectual amparado na missão bandeirante que viabiliza nossa primeira universidade, fixando toda a sua atenção em Oswald de Andrade, figura nessas alturas eclipsada, seja pelo impacto de Mário junto aos

---

6 Ver H. de Campos, Da Crítica Antecipadora: Evocação de Sérgio Buarque de Holanda, *Metalinguagem & Outras Metas*.
7 *A Escrava Que Não É Isaura*, p. 282.

acadêmicos, seja por ser pago na mesma moeda, a da rejeição, por aqueles a que volta o seu "senso irresistível da pilhéria", para resumir o problema como vimos fazer Antonio Candido[8]. Seria por isso que o autor do *Manifesto Antropófago* só entra em *Clima* a convite de Paulo Emílio Salles Gomes, o especialista em cinema do grupo e o único que o aprecia[9], para aí se inserir, à margem de suas melhores especialidades, na edição de número 5, com um artigo sobre o cinema de Charles Chaplin?

Por meio da antropofagia oswaldiana, Haroldo, Augusto e Décio fazem pacto com a irreverência, vão contra toda "nomeada", vão assim no sentido de restaurar o ímpeto demolidor de 1922, interrompido por uma contrarreforma que reputam convencional. A menção a Oswald, uma das mais recorrentes do grupo, dentro de um leque de referências indistintamente nacionais e estrangeiras, desestabelece a inquietação com o "clima" local, e com isso a valoração crítica do que é nacional. Daí a atenção dada, de saída, não somente à literatura de Provença, mas ao Barroco, aos futurismos, aos construtivismos, às desconstruções. Daí sua suposição, na contramão da crítica acadêmica, da existência de uma cultura literária legitimamente brasileira, senão por vezes avançada, na colônia seiscentista de Antonio Vieira e Gregório de Mattos, dois ausentes do sistema interpretativo de Candido.

É para bem marcar suas perspectivas de descentramento do ponto supostamente originário em relação ao qual os críticos nacionalistas se situam para supor uma literatura colonial ainda não brasileira, a ser justamente formada, que esse outro grupo tira o nome com que se apresenta da distante poesia cortês, acrescentando ainda, na outra ponta, à rede poética intertextual com que trabalha os *Cantos*, de Ezra Pound, cuja tradução assina a três. É no "Canto XX", em referência a uma cantiga de Arnaut Daniel,

---

8 Estouro e Libertação, *Brigada Ligeira e Outros Escritos*, p. 17.
9 Ver H. Pontes, op. cit., p. 74.

que o poeta norte-americano pergunta o que significaria "noigandres", palavra do francês arcaico do repertório dos provençais, de significação por muito tempo incerta, até mesmo para romanistas, antes que, nos anos 1970, surgisse a pista tradutória consistente em localizar aí *enoi*, cognato do francês moderno *ennui* (tédio), e *gandres*, de *gandir* (proteger), chegando-se a algo assim como "o que protege do tédio". Daí por que Augusto de Campos relê, em pé de página de sua antologia da *gaia ciência*, o último verso de um canto de Daniel, que havia traduzido inicialmente por "o grão só de alegria e o olor de noigandres", como "o grão só de alegria e o olor livre de tédio"[10]. Deduza-se de todas essas providências que é também sob a égide de um significante aberto à interpretação – ou melhor dizendo, sob a égide do significante – que os contranacionalistas da geração de 1950 preferem se arrimar[11].

Avaliar o legado das duas revistas, conforme as premissas iniciais vão se integrando aos desenvolvimentos conceituais ulteriores de uns e outros, é dizer que é de um dos caminhos assim abertos que sai, em 1959, no fim do decênio em que o outro se lançou, a *Formação da Literatura Brasileira*, de Antonio Candido. A concepção do livro é da segunda metade dos anos 1940. A redação, como explicita o próprio Candido na apresentação, ultima-se entre 1955 e 1956. Ora, são desse mesmo período não só os números heroicos da revista *Noigandres*, mas parte dos textos-manifestos da *Teoria da Poesia Concreta*, assinados pelo trio de *Noigandres*. A década é de maturidade das duas linhas críticas, que avançam pela segunda metade do século XX em plena atividade e tensão, articulando suas ideias conflitantes, duas histórias da literatura brasileira para dois Brasis, já que tudo continua a separá-las. Mesmo quando a prestigiar os mesmos autores, veja-se como Gilda de Mello e Souza e Haroldo de Campos apreciam

10 *Verso, Reverso, Controverso*, p. 53.
11 Ver A. de Campos; D. Pignatari; H. de Campos, Sinopse do Movimento de Poesia Concreta, *Teoria da Poesia Concreta*.

diferentemente *Macunaíma* e, mais que tudo, como uns apreciam Oswald de Andrade pelo mesmo motivo que outros o repudiam, isto é, por sua língua cômica, como a das cantigas de escárnio, e afiada demais.

Os *scholars* de *Clima* são de ascendência francesa, o que se explica pela presença dos franceses – Lévi-Strauss, Fernand Braudel, Roger Bastide e Jean Maugué – na USP, de onde eles saem e para onde retornam, para ensinar. Essa é mesmo a primeira manifestação, no movimento brasileiro contemporâneo de ideias, da nova mentalidade definida pela USP, como observa Antonio Candido em *Teresina Etc.*[12]. Ratificado, oportunamente, por Roberto Schwarz: "[tinha] a ver com os novos patamares teóricos ligados ao surgimento da Faculdade de Filosofia da USP"[13].

De outro lado, atuando muito mais na frente da tradução, da poesia e de uma crítica-escritura estranha à prosa crítica acadêmica, ainda que dois do trio, Haroldo e Décio, se integrem ao campo de trabalho acadêmico que a PUC de São Paulo acrescenta ao da USP, os de *Noigandres* movem-se entre culturas. Desde a década de 1950, o grupo opera com técnicas ideogramáticas e, além do japonês de Bashô, com um certo número de línguas cultas, que aprende para estudar e traduzir os poetas: o russo para verter, entre outros, Maiakóvski e Khlébnikov; o italiano para o *Paraíso* de Dante, para Ungaretti e para Marinetti; o alemão para Rilke; o francês para os poetas de Provença, Villon, Mallarmé, Rimbaud, Corbière, Francis Ponge; o inglês para John Donne, Lewis Carroll, Edgard Poe, Joyce, Pound, Wallace Stevens; mais recentemente, o hebraico para a tradução do *Gênesis*, e o grego para a tradução da *Ilíada*, que é a última perpretação de Haroldo[14].

Temos aí tradutores, em suma, o que se coaduna com sua hipótese intertextual sobre a literatura, e essa é a razão

---

12 *Teresina Etc.*, p. 162.
13 Notas do Debatedor, em M.A. D'Incao; E.F. Scarabôtolo (orgs.), *Dentro do Texto, Dentro da Vida*, p. 264.
14 Em parceria com Trajano Vieira.

pela qual os *Noigandres* são ainda os artífices da "transcriação". Método tradutório em cujas prestações, pondo sob suspeita ou não os aportes propriamente críticos, alguns veem a sua contribuição mais relevante, outros, como o polemista Bruno Tolentino, um descaminho imputável às concepções de origem, outros ainda, como Alexandre Eulálio, em sua resenha da tradução do *Coup de dés*, de Mallarmé, pelo trio concretista, um pouco das duas coisas[15].

Os de *Clima* começam por estreitar laços com gente de Santos (Miroel Silveira), de Belo Horizonte (Fernando Sabino), do Rio de Janeiro (Carlos Lacerda, Werneck de Castro, Guilherme Figueiredo), do Recife (Octavio de Freitas Júnior), de Fortaleza (Aluísio Medeiros). Os de *Noigandres*, por se corresponder com Max Bense, Francis Ponge, e. e. cummings, o próprio Pound, continuando assim os contatos de Oswald com Cendrars, Valéry Larbaud, Cocteau etc.

Os de *Clima*, embora acolham nas páginas de sua publicação, eclética e multidisciplinar, diferentes artes, como música, cinema e teatro – até porque colaboram ali um homem do cinema (Paulo Emílio), um homem do teatro (Décio de Almeida Prado), um crítico de música (Branco Lefèvre), um crítico de artes plásticas (Lourival Gomes Machado) e um encarregado da seção de livros (Antonio Candido), sociólogo "empurrado" pelas circunstâncias para crítico de literatura, segundo ele mesmo –, enfrentam as relações entre o texto literário e as diversas esferas da criação de maneira que podemos chamar de paralelística, ou seja, como vasos incomunicantes, que até podem ser comparados uns aos outros, mas desde a distância de suas próprias realidades. Nesse sentido, fala-se de cinema, por exemplo, na revista – e é certo que a fundação, por Paulo Emílio, da Cinemateca Brasileira

---

15 Ver B. Tolentino, *Os Sapatos de Ontem*; A. Eulalio, Um Lance Triplo de Dados, *Escritos*.

prolonga a disposição de abertura da parte do autor para com a sétima arte, cujo culto traz de Paris. Entretanto, não se poderia dizer que haja ali qualquer visão de relações internas entre fatura poética e montagem de imagens, tais como concebidas na teoria e na prática oswaldiana e, na sequência, na concretista. Por outro lado, trabalha-se ali com música, e Álvaro Bittencourt, que secunda na área Branco Lefèvre, dá destaque a propostas experimentalistas, mas sem considerar a música pertinente ao verso, ao ponto de lhe desfuncionalizar o sentido, como no simbolismo francês, de cujo bojo vem Mallarmé. Por outro lado, publica-se propaganda na revista – do Mappin, da Caixa Econômica Federal, do "Guaraná Champagne Antárctica" e do Biotônico Fontoura –, mas não ocorre associar a técnica da linguagem publicitária às técnicas poéticas, ou a *poiesis* que ela eventualmente implica, como bem mostrou Jakobson. Ou não ocorre ver afinidades entre os processos, como via um Maiakóvski, que perpetrou anúncios para as indústrias estatais soviéticas.

Já os de *Noigandres*, mais atentos que aversivos à presença da indústria cultural, que avança entre nós no período, partem para a consideração dessas e de outras relações inusitadas, na proposição de uma extensão do verso para além da verbalidade. Flora Süssekind anotou a incorporação da mídia e das artes aplicadas na proposta concreta[16]. E acrescente-se que tais exercícios são ativados juntamente com outros, de lastro erudito. A música de Webern, Stockhausen e Boulez inspira o concretismo, do mesmo modo que as formas puras de Mondrian e a desfigurativização suprematista de Maliévitch servem de modelo possível à sua inscrição na visualidade.

E enquanto a poesia soa forçosamente tradicionalista nas páginas de *Clima*, é a prosa, e mesmo certa prosa de combate, dada a situação de guerra na Europa e a crescente arregimentação do grupo à esquerda, sob o impulso de Paulo

---

16 Ver F. Süssekind, Poesia & Media, *Papéis Colados*.

Emílio, autor da "Declaração Política", do número 11, que mais parece mobilizar o grupo. Em boa medida, a prosa, ou o que resta dela depois dos poemas em prosa ou prosas poéticas do alto simbolismo francês, funciona como um divisor de águas entre *Clima* e *Noigandres*. Certamente porque convém mais à montagem do argumento sociológico, com suas passagens do real para o estético, via mediações, ditas dialéticas, que Schwarz confessa terem sido uma "verdadeira obsessão" para quem, como ele, "queria fazer crítica marxista sem cair em facilidades"[17]. Mas dado também o prestígio do romance em Lukács, subentendido nesse modelo interpretativo, embora a Lukács se façam sempre as devidas reservas. E dada ainda a dívida desse modelo crítico para com a sociologia universitária e o marxismo que a informa, porta pela qual, aliás, entra Lukács. Ancoragens tais fariam Augusto de Campos dirigir-se a Schwarz, quando dos embates do ano de 1985, na *Folha de S.Paulo*, envolvendo o poema "Pós-Tudo" nos seguintes termos: "Você, mais sociólogo do que crítico e mais crítico do que poeta..."

De fato, a Haroldo, Augusto e Décio interessam Gregório de Mattos, Souzandrade, Manuel Bandeira, Oswald de Andrade, Mario Faustino, João Cabral de Melo de Neto, certo Carlos Drummond de Andrade, para só ficarmos no Brasil. O conjunto probatório mostra ainda Haroldo de Campos particularmente preocupado com as prosas de invenção gestadas no bojo do movimento da Semana, particularmente os romances de Oswald, bem como com José de Alencar – que, para além de qualquer nativismo, considera tecnicamente o maior poeta indianista brasileiro, e a quem dedica "Iracema: uma Arqueografia de Vanguarda", texto de 1981, inserido em *Metalinguagem e Outras Metas* –, e com o estilo joyceano de Guimarães Rosa.

Já aos de *Clima* ocorre mencionar a ficção que interessa à construção identitária, realizada à revelia do postiço

---

[17] Entrevista a Fernando Barros e Silva, *Folha de S.Paulo*, jul. 1997, p. xx.

cultural nacional, no fogo cruzado do "não ser" e o "ser outro", para lembrar essas palavras bem cravadas de Paulo Emílio acerca da dependência cultural penosa que nos toca em *Cinema: Trajetória no Subdesenvolvimento*[18]. Nossos modelos vêm de fora, chegavam de barco à colônia portuguesa. Assim, para Candido, cuja *Formação* vai por momentos decisivos, é só no momento romântico que deixamos de nos ver com os olhos do outro. Assim também para Schwarz, que lança nosso melhor autor no processo evolutivo de Candido, é Machado, com seu narrador ironicamente à vontade entre a civilização e o atraso, quem nos leva a radicar, de fato, em nós mesmos, por saber incorporar a contradição que nos constitui.

Todo esse trabalho de acumulação desarma-se na perspectiva dos *Noigandres*, que não apenas não veem defasagem entre as produções literárias do Brasil colônia e as do Brasil *formado*, nem veem na situação colonial o "estado de arremedo" de que fala Paulo Arantes, retomando Schwarz, mas ousam pensar que um país subdesenvolvido "pode tocar o primeiro violino em literatura", segundo a formulação de Haroldo, parafraseando Engels, quando o filósofo compara a França pós-revolucionária, napoleônica e autoritária, com a Alemanha da geração romântica[19].

Segundo Haroldo, aliás, estávamos tocando o primeiro violino no Brasil na década de 1950, em São Paulo, pois a cidade, além de ter sido poupada dos efeitos diretos da guerra, tinha se convertido, nessa altura, em centro industrial e cultural ativo, um terreno propício ao processamento de informações de toda espécie, logo ao desenvolvimento de uma síntese artística original, semelhante à de 22. Não apenas isso, mas também em música e arquitetura, certa produção brasileira vanguardista adquiria, então, projeção internacional, invertendo a direção das influências. Essa é

---

18 P.E.S. Gomes, *Cinema: Trajetória no Subdesenvolvimento*, p. 87.
19 H. de Campos, A Poesia Concreta e a Realidade Nacional, *Revista Tendência*, n. 4.

uma tecla em que os de *Noigandres* vêm batendo há mais de meio século, ilustrando com o seu próprio caso, embora não somente com ele, a tese da não dependência. E esse é o pivô de mais uma controvérsia. Em *Alguns Aspectos da Teoria da Poesia Concreta*, livro saído de uma tese de doutorado, Paulo Franchetti observa, dando razão aos concretos, que não se pode relacionar seu trabalho de criação a nenhuma iniciativa estrangeira semelhante, a menos que se queira ressuscitar a ideia de metrópole[20]. É o que pensa também o poeta suíço-boliviano de expressão alemã Eugen Gomringer, promotor do movimento concretista no exterior, a partir de Berna, onde, em 1954, dois anos depois da criação da revista *Noigandres*, que já encerra um "Plano Piloto da Poesia Concreta", publica um manifesto teórico, com créditos para os brasileiros. E é o que sustenta igualmente, entre outros observadores externos, Octavio Paz, que troca correspondência com Haroldo de Campos a respeito, em *Transblanco*.

Tanta discrepância não vai sem que os ideários das duas velhas revistas entrem em choque aberto, e as diferenças possam desaguar em cenas de uma *querela dos antigos e modernos* que podem ser relativamente ruidosas. Vejam-se as matérias de jornal e, subsequentemente, os capítulos de livros "Marco Histórico" e "Dialética da Maledicência", dos volumes *Que Horas São?* e *À Margem da Margem*, respectivamente de Roberto Schwarz e Augusto de Campos, em que se recolhe a bela briga desses dois críticos em torno, no limite, da plausibilidade de perpetrações *à la* Oswald na trajetória do subdesenvolvimento. Menos ruidosa e visível, mas não menos grave, pela pergunta que também encaminha, é a pendência crítica ligada à desconstrução que Haroldo de Campos faz da *Formação da Literatura Brasileira* em *O Sequestro do Barroco Na Formação da Literatura Brasileira: O Caso*

---

20 *Alguns Aspectos da Teoria da Poesia Concreta*, p. 121-122.

Gregório de Matos, envolvendo a questão do gênio, se original ou não, de nossos criadores.

Ressalte-se, até para relativizar devidamente o peso dos fatos, que não há nada de tão novo assim sob o sol, exceto talvez a insinuação da evidência de que o nacionalismo é a doença infantil de nossa crítica. Veja-se como, até porque lhe interessava o fato da "raça", a mão dos "climáticos" já pesava sobre a crítica brasileira de mentalidade já moderna que, disseminando-se pelos jornais e revistas, floresceu na passagem do século xix para o xx, entre Recife e o Rio de Janeiro. Há uma valiosa retomada dos desencontros, assim promovidos, mobilizando Araripe Junior, Capistrano de Abreu, Teófilo Braga, Laudelino Freire, Joaquim Nabuco, José de Alencar e o próprio Machado de Assis, no livro de Roberto Ventura, *Estilo Tropical*.

Ventura percebe que as escaramuças incorporam os desafios da poesia popular nordestina e um código de honra tradicional, muito ativo na exaltação das discussões, que conflita com a modernidade do tratamento cientificista da literatura que ao mesmo tempo se adota. Mostra que, segundo o enfoque, Machado de Assis pode preencher ou não o critério do pertencimento ao meio, aqui em sentido mais geográfico que histórico. "Ao longo das polêmicas [...] surgem questões até hoje presentes em nossa crítica literária: o predomínio da história ou da estética, o destaque dos fatores intrínsecos ou extrínsecos das obras, a análise do tema ou conteúdo, da forma, ou da linguagem [...]". O autor não deixa de assinalar a recorrência da mesma antinomia no século seguinte[21].

A própria lição das coisas sugere que se conviva com todas as possibilidades, na suspeita de que a literatura deve ter mais que uma única função. Mas é de se temer que o crivo crítico do nacional-social, que rege a busca da identidade, nos impeça de falar precisamente de literatura. Senão, comparem-se as prosas e as poesias, as leituras do

---

21 R. Ventura, Escritores, Polemistas e Bacharéis, *Estilo Tropical*, p. xx.

conteúdo e da forma, do significado e da significância, e o próprio repertório de leituras, as paixões intelectuais, de uns e outros.

Mais que tudo, é de se ponderar que noções como as de formação, origem, identidade, lugar das ideias... que uma das linhas críticas aqui sondadas dispensava e continua a dispensar alegremente, revertendo-as em caçoada da outra, não sem envolver Oswald de Andrade na *gozação*, soam antigas e metafísicas no novo milênio, em que chegamos no arredondar do primeiro lustro da Semana.

SOBRE OS TEXTOS

Os capítulos deste livro são inéditos, à exceção dos abaixo indicados, que retomam e modificam ensaios e entrevista anteriormente publicados no Brasil e no exterior.

"Desarmando a Formação" deriva do artigo "Haroldo em Barthes", originalmente publicado na *Revista Portuguesa de História do Livro*, ano XVIII, volume 35-36, 2015.

"Climas" deriva do artigo "Clima e Noigandres: A Crítica Brasileira Entre Dois Fogos", originalmente publicado na *Revista USP*, número 34, setembro-novembro de 1998.

"Entrevista Improvável" é registro de entrevista concedida por ocasião da morte de Antonio Candido e, na ocasião, não publicada. Ela consta, desde algum tempo, do blogue da autora na revista digital *Musa Rara – Literatura e Adjacências*.

REFERÊNCIAS

ADORNO, Theodor W. *Notas de Literatura I*. São Paulo: Duas Cidades/ Editora 34, 2003.

____. Lukács y el Equívoco del Realismo. In: PIGLIA, Ricardo (comp.). *Polémica Sobre El Realismo*. Traducción de Andrés Vera Segovia. Buenos Aires: Tiempo Contemporáneo, 1972.

AGUILAR, Gonzalo. *Poesia Concreta Brasileira: As Vanguardas na Encruzilhada Modernista*. São Paulo: Edusp, 2005.

ANDRADE, Mário de. *Macunaíma: O Herói Sem Nenhum Caráter*. Texto crítico de Telê Ancona Lopez e Tatiana Longo Figueiredo. Rio de Janeiro: Nova Fronteira, 2013.

____. *Música Doce Música*. Belo Horizonte: Itatiaia, 2006.

____. *A Arte Religiosa no Brasil*. Texto crítico de Caludete Kronbauer. São Paulo: Experimento, 1993.

____. O Movimento Modernista. *Aspectos da Literatura Brasileira*. Belo Horizonte: Itatiaia, 1987.

____. Paulicéia Desvairada. *Poesias Completas*. Belo Horizonte: Itatiaia, 1987.

____. A Escrava Que Não é Isaura. *Obra Imatura*, v. 1. São Paulo: Martins Fontes, 1960.

____. O Sequestro da Dona Ausente. *Atlântico: Revista Luso-Brasileira*, Lisboa/Rio de Janeiro, n. 3, 1943.

ANDRADE, Oswald de. *Estética e Política*. Pesquisa, organização, introdução, notas e estabelecimento de texto de Maria Eugenia Boaventura. São Paulo: Globo, 1997.

____. Manifesto da Poesia Pau-Brasil; Manifesto Antropófago. In: SCHWARTZ, Jorge. *Vanguardas Latino-Americanas: Manifestos e Textos Críticos*. São Paulo: Iluminuras/Edusp/Fapesp, 1995.

ANDRADE, Oswald de. *Poesias Reunidas*. Rio de Janeiro: Civilização Brasileira, 1974. (Obras Completas, v. 7.)

____. *Do Pau-Brasil à Antropofagia e às Utopias: Manifestos, Teses de Concurso e Ensaios*. Introdução de Benedito Nunes. Rio de Janeiro: Civilização Brasileira, 1972. (Obras Completas, v. 6.)

____. *Os Condenados*. Rio de Janeiro: Civilização Brasileira, 1970. (Obras Completas, v. 1.)

ARANTES, Paulo. Providências de um Crítico Literário na Periferia do Capitalismo. In: ARANTES, Paulo; ARANTES, Otília. *Sentido da Formação: Três Estudos sobre Antonio Candido, Gilda de Mello e Souza e Lúcio Costa*. São Paulo: Paz e Terra, 1997.

ARRIGUCCI, Davi. Entrevista com Davi Arrigucci Jr. *Tempo Social*, São Paulo, v. 23, n. 2, nov. 2011.

____. Movimentos de um Leitor. In: D'INCAO, Maria Angela; SCARABÔTOLO, Eloisa Faria (orgs.). *Dentro do Texto, Dentro da Vida: Ensaios Sobre Antonio Candido*. São Paulo: Instituto Moreira Salles/Companhia das Letras, 1992.

ÁVILA, Affonso. Viva Haroldo – Viva Gregório. In: CAMPOS, Haroldo de. *O Sequestro do Barroco na Formação da Literatura Brasileira: O Caso Gregório de Matos*. São Paulo: Iluminuras, 2011.

BAPTISTA, Abel Barros. *O Livro Agreste: Ensaio de Curso de Literatura Brasileira*. Campinas: Editora da Unicamp, 2005.

BARBOSA, João Alexandre. A Função da Crítica Não É Apaziguar, É Perguntar. Entrevista com João Alexandre Barbosa por Eduardo Sterzi. *Revista da Biblioteca Mário de Andrade*, São Paulo, n. 66, 2011. (João Alexandre Barbosa, Jorge Amado, Literatura de Cordel.)

____. *A Biblioteca Imaginária*. São Paulo: Ateliê, 2003.

____. *Alguma Crítica*. São Paulo: Ateliê, 2002.

BARTHES, Roland. *Oeuvres completes, t. 1-5*. Nouvelle édition revue, corrigée et presentée par Eric Marty. Paris: Seuil, 2002.

BEAUVOIR, Simone de. *Le Deuxième sexe, v. 1*. Paris: Gallimard, 1976. (Col. Essais.)

BORGES, Jorge Luis. Discussão. In: *Obras Completas I. 1923-1949*. Tradução de Josely Vianna Baptista. São Paulo: Globo, 1998.

____. Ficciones. *Obras Completas de Jorge Luis Borges*. Buenos Aires: Emecé, 1974.

BOSI, Alfredo. *História Concisa da Literatura Brasileira*. São Paulo: Cultrix, 1994.

____. *Céu, Inferno*. São Paulo: Ática, 1988.

BRITO, Mario da Silva. O Aluno de Romance Oswald de Andrade. In: ANDRADE, Oswald de. *Os Condenados*. Rio de Janeiro: Civilização Brasileira, 1970. (Obras Completas, v. 1.)

BUTLER, Judith. *Problemas de Gênero: Feminismo e Subversão da Identidade*. Tradução de Renato Aguiar. Rio de Janeiro: Civilização Brasileira, 2019.

CAMPOS, Augusto de. *Poesia, Antipoesia, Antropofagia & Companhia*. São Paulo: Companhia das Letras, 2015.

____. Oswald de Andrade por Augusto de Campos. *O Estado de S. Paulo*, São Paulo, 4 jul. 2011.

____. Haroldo, Irmão Siamesmo. In: MOTTA, Leda Tenório. *Céu Acima: Para um "Tombeau" de Haroldo de Campos*. São Paulo: Perspectiva, 2005.

____. O Flaubert Que Faz Falta; Dialética da Maledicência. *À Margem da Margem*. São Paulo: Companhia das Letras, 1989.

____. *Verso, Reverso, Controverso*. São Paulo: Perspectiva, 1988.

____. *Re-Visão de Pedro Kilkerry*. São Paulo: Fundo Estadual de Cultura, 1970.

CAMPOS, Haroldo de. *O Sequestro do Barroco na Formação da Literatura Brasileira: O Caso Gregório de Matos*. São Paulo: Iluminuras, 2011.

____. Barrocolúdio: Transa Chim?; O Afreudisíaco Lacan na Galáxia de Lalíngua. In: CESAROTTO, Oscar (org.). *Ideias de Lacan*. São Paulo: Iluminuras, 2010.

____. Evolução de Formas: Poesia Concreta. In: CAMPOS, Haroldo de; CAMPOS, Augusto de; PIGNATARI, Décio. *Teoria da Poesia Concreta: Textos Críticos e Manifestos, 1950-1960*. São Paulo: Ateliê, 2006.

____. *Depoimentos de Oficina*. São Paulo: Unimarco, 2002.

____. *Metalinguagem & Outras Metas*. São Paulo: Perspectiva, 1992.

____. Uma Poética da Radicalidade. In: ANDRADE, Oswald de. *Poesias Reunidas*. Rio de Janeiro: Civilização Brasileira, 1974. (Obras Completas, v. 7.)

____. *Morfologia do Macunaíma*. São Paulo: Perspectiva, 1973.

____. Miramar na Mira. In: ANDRADE, Oswald de. *Memórias Sentimentais de João Miramar*. Rio de Janeiro: Civilização Brasileira, 1972. (Obras Completas, v. 2.)

____. Serafim: Um Grande Não-Livro. In: ANDRADE, Oswald de. *Serafim Ponte Grande*. Rio de Janeiro, Civilização Brasileira, 1972. (Obras Completas, v. 2.)

CAMPOS, Haroldo de; CAMPOS, Augusto de. *Re-Visão de Sousândrade*. São Paulo: Perspectiva, 2002.

CAMPOS, Haroldo de; VIEIRA, Trajano. Mênis – A Ira de Aquiles. *Ilíada de Homero*. Introdução e organização de Trajano Vieira. São Paulo: Nova Alexandria, 1994.

CANDIDO, Antonio. Digressão Sentimental Sobre Oswald de Andrade. *Vários Escritos*. São Paulo: Duas Cidades/Rio de Janeiro: Ouro Sobre Azul, 2004.

____. *Formação da Literatura Brasileira: Momentos Decisivos, v. 1: 1750-1836*. Belo Horizonte/Rio de Janeiro: Itatiaia, 2000.

____. *O Discurso e a Cidade*. São Paulo: Duas Cidades, 1993.

____. *Brigada Ligeira e Outros Escritos*. São Paulo: Editora da Unesp, 1992.

____. Oswaldo, Oswáld, Ôswald. *Folha de S.Paulo*, São Paulo, 21 mar. 1982.

____. *Teresina Etc*. São Paulo: Paz e Terra, 1980.
____. *Prefácio Inútil*. In: ANDRADE, Oswald de. *Um Homem Sem Profissão: Sob as Ordens de Mamãe*. Rio de Janeiro: Civilização Brasileira, 1976. (Obras Completas, 9.)
CHALMERS, Vera. O Fio da Meada. In: D'INCAO, Maria Angela; SCARABÔTOLO, Eloisa Faria (orgs.). *Dentro do Texto, Dentro da Vida: Ensaios Sobre Antonio Candido*. São Paulo: Instituto Moreira Salles/Companhia das Letras, 1992.
DANIEL, Cláudio. *Augusto de Campos: Três Entrevistas*. Londrina: Galileu Edições, 2021.
DERRIDA, Jacques. *Khôra*. Tradução de Nicia Adan Bonatti. Revisão técnica de Enid Abreu Dobránsky. Campinas: Papirus, 1995.
D'INCAO, Maria Angela; SCARABÔTOLO, Eloisa Faria (orgs.). *Dentro do Texto, Dentro da Vida: Ensaios Sobre Antonio Candido*. São Paulo: Instituto Moreira Salles/Companhia das Letras, 1992.
DUARTE, Paulo. *Mário de Andrade Por Ele Mesmo*. São Paulo: Hucitec, 1985.
EULALIO, Alexandre. *Escritos*. São Paulo: Editora Unesp, 1992.
FAUSTO, Ruy. *A Esquerda Difícil: Em Torno do Paradigma e do Destino das Revoluções do Século XX e Alguns Outros Temas*. São Paulo: Perspectiva, 2007.
FISCHER, Luis Augusto. Schwarz Ensinou a Ler o País de Machado de Assis, Mas Tese Esbarra em Limites. *Folha de S.Paulo*, São Paulo, 11 nov. 2017.
____. Abaixo o Modernismo Paulista, Entrevista. *Folha de S.Paulo*. São Paulo, 23 ago. 2008.
FLAUBERT, Gustave. *Bouvard e Pécuchet*. Tradução de Galeão Coutinho e Augusto Meyer. Rio de Janeiro: Nova Fronteira, 1981.
FONSECA, Maria Augusta. Antonio Candido Leitor de Oswald de Andrade. *Literatura e Sociedade*, São Paulo, v. 24, n. 30, 2019.
FRANCHETTI, Paulo. *Alguns Aspectos da Teoria da Poesia Concreta*. Campinas: Editora da Unicamp, 1992.
FREUD, Sigmund. *Totem et tabou*. Paris: Petite Bibliothèque Payot, 1975.
GLEDSON, John. *Por um Novo Machado de Assis: Ensaios*. São Paulo: Companhia das Letras, 2006.
GOMES, Paulo Emílio Salles. *Cinema: Trajetória no Subdesenvolvimento*. São Paulo: Paz e Terra, 1980.
GONÇALVEZ, Marcos Augusto. *1922: A Semana Que Não Terminou*. São Paulo: Companhia das Letras, 2012.
GRAMMONT, Guiomar. *Aleijadinho e o Aeroplano: O Paraíso Barroco e a Construção do Herói Nacional*. Rio de Janeiro: Civilização Brasileira, 2008.
HANSEN, João Adolfo. *A Sátira e o Engenho: Gregório de Matos e a Bahia do Século XVII*. São Paulo: Companhia das Letras, 1989.
HOLANDA, Sérgio Buarque de. *O Espírito e a Letra, v. 1: Estudos de Crítica Literária. 1920-1947*. Organização, introdução e notas de Antonio Arnoni Prado. São Paulo: Companhia das Letras, 1996.
____. *Capítulos de Literatura Colonial*. Organização e introdução de Antonio Candido. São Paulo: Brasiliense, 1991.

JACKSON, Kenneth David. Augusto de Campos e o "Trompe-l'oeil" da Poesia Concreta. In: SÜSSEKIND, Flora; GUIMARÃES, Julio Castañon (orgs.). *Sobre Augusto de Campos*. Rio de Janeiro: Fundação Casa de Rui Barbosa, 2004.

KOSSOVITCH, Elisa. *Mário de Andrade Plural*. Campinas: Editora da Unicamp, 1990.

KRISTEVA, Julia. *Beauvoir Presente*. Tradução de Edgar de Assis Carvalho e Marisa Perassi Bosco. São Paulo: Edições Sesc, 2019.

____. *No Princípio Era o Amor: Psicanálise e Fé*. Tradução de Leda Tenório da Motta. São Paulo: Brasiliense, 1987.

LACAN, Jacques. *O Seminário, Livro 8: A Transferência*. Tradução de Dulce Duque Estrada. Rio de Janeiro: Zahar, 1992.

____. *O Seminário, Livro 7: A Ética da Psicanálise*. Tradução de Antonio Quinet. Rio de Janeiro: Zahar, 1988.

LAFETÁ, João Luiz. *1930: A Crítica e o Modernismo*. São Paulo: Duas Cidades, 2000.

MELLO E SOUZA, Gilda de. *O Tupi e o Alaúde: Interpretação de Macunaíma*. São Paulo: Duas Cidades, 1979.

MILLER, Hillis. *A Ética da Leitura*. Tradução de Eliane Fitipaldi e Kátia Orberg. Seleção de textos de Arthur Nestrovski. Rio de Janeiro: Imago, 1990.

MONTAIGNE, Michel de. *Os Ensaios*. Organização de M.A. Screech. Tradução e notas de Rosa Freire d'Aguiar. São Paulo: Companhia das Letras/Penguin, 2010.

MORAES, Marcos Antonio (org.). *Correspondência Mario de Andrade & Manuel Bandeira*. São Paulo: Edusp, 2001.

MOTTA, Leda Tenório. Cadáveres Silenciosos: Notas Sobre Lacan, o Surrealismo e as Diásporas Surrealistas. In: PASSOS, Cleusa Rios; ROSENBAUM, Yudith (orgs.). *Escrituras do Desejo*. São Paulo: Ateliê, 2011.

____. *Céu Acima: Para um "Tombeau" de Haroldo de Campos*. São Paulo: Perspectiva, 2005.

____. *Sobre a Crítica Literária Brasileira no Último Meio Século*. Rio de Janeiro: Imago, 2002.

MOURA, Flávio Rosa. A Crítica no Redemoinho. *Tempo Social*, São Paulo, v. 23, n. 2, 2011.

NASCIMENTO, Evando. A Desconstrução no Brasil: Uma Questão Antropofágica? In: SANTOS, Alcides Cardoso dos (org.). *Desconstrução e Contextos Nacionais*. Rio de Janeiro: Sete Letras, 2006.

NUNES, Benedito. Antropofagia ao Alcance de Todos. In: ANDRADE, Oswald de. *Do Pau-Brasil à Antropofagia e às Utopias: Manifestos, Teses de Concurso e Ensaios*. Rio de Janeiro: Civilização Brasileira, 1972. (Obras Completas, v. 6.)

PÉCORA, Alcir. Momento Crítico: Meu Meio Século. *Sibila*, São Paulo, a. 4, n. 7, dez. 2004.

PERLOFF, Marjorie. *O Gênio Não Original: Poesia Por Outros Meios no Novo Século*. Tradução de Adriano Scandolara. Belo Horizonte: Editora da UFMG, 2013.

PONTES, Heloisa. *Destinos Mistos: O Grupo Clima Em São Paulo. 1940-1968*. São Paulo: Companhia das Letras, 1998.

ROUDINESCO, Elisabeth; PLON, Michel. *Dicionário de Psicanálise*. Tradução de Vera Ribeiro e Lucy Magalhães. Supervisão de Marco Antonio Coutinho Jorge. Rio de Janeiro: Zahar, 1998.

SARAIVA, Arnaldo. *Modernismo Brasileiro e Modernismo Português: Subsídios Para o Seu Estudo e Para a História de Suas Relações*. Campinas: Editora da Unicamp, 2004.

SCHWARTZ, Jorge. *Vanguardas Latino-Americanas: Polêmicas, Manifestos e Textos*. São Paulo: Iluminuras/Edusp/Fapesp, 1995.

SCHWARZ, Roberto. *Martinha Versus Lucrecia: Ensaios e Entrevistas*. São Paulo: Companhia das Letras, 2012.

____. *Que Horas São?* São Paulo: Companhia das Letras, 2002.

____. *Sequências Brasileiras: Ensaios*. São Paulo: Companhia das Letras, 1999.

____. Entrevista a Fernando Barros e Silva, *Folha de S.Paulo*, jul. 1997.

SEVCENKO, Nicolau. *Orfeu Extático na Metrópole*. São Paulo: Companhia das Letras, 1992.

SÜSSEKIND, Flora. *Papéis Colados*. Rio de Janeiro: Editora da UFRJ, 1993.

TOLENTINO, Bruno. *Os Sapatos de Ontem*. Rio de Janeiro: Diadorim, 1995.

VENTURA, Roberto. *Estilo Tropical: História Cultural e Polêmicas Literárias no Brasil, 1870-1914*. São Paulo: Companhia das Letras, 1991.

VIEIRA, Trajano. Introdução. In: CAMPOS, Haroldo de. *Ilíada de Homero*, v. 1. Introdução e organização de Trajano Vieira. São Paulo: Mandarim, 2001.

SOBRE A AUTORA:
LEDA TENÓRIO DA MOTTA

É professora do Programa de Estudos Pós-Graduados em Comunicação e Semiótica da Pontifícia Universidade Católica de S. Paulo – PUC/SP, crítica literária, tradutora e pesquisadora do CNPq nível 1 e do Réseau International de Recherche Roland Barthes. Tem passagem pelos mais importantes cadernos de cultura brasileiros e traduziu, entre outros, *Máximas e Reflexões Morais*, de La Rochefoucauld (Imago, 1994); *O Spleen de Paris*, de Baudelaire (Imago, 1995); e *Métodos*, de Francis Ponge (Imago, 1997). Organizou o volume *Céu Acima: Para um Tombeau de Haroldo de Campos* (Perspectiva, 2005), pela ocasião da morte do poeta. É autora, dentre outras obras, de *Proust, a Violência Sutil do Riso* (Perspectiva, 2007), prêmio Jabuti em Teoria e Crítica Literária. Escreveu uma biografia intelectual de Barthes que se constitui no primeiro volume de fôlego a ser inteiramente dedicado ao autor no Brasil: *Roland Barthes: Uma Biografia Intelectual* (Iluminuras, 2011).

Este livro foi impresso na cidade de Cotia,
nas oficinas da Meta Brasil,
para a Editora Perspectiva